# Armut

Daniela Brodesser

über
morgen

# Armut

Daniela Brodesser

# Inhalt

# Was immer noch schmerzt

Eine Zeitlang war Fotografieren meine ganz persönliche Belohnung. Raus in die Natur, Sonnenuntergänge mit der Kamera einfangen und zu Hause bearbeiten. Vorwiegend für mich. Es war mein Hobby, meine Leidenschaft. Das, was mich am Laufen gehalten hat. Bis zu dem Tag, an dem die Androhung der Stromsperre kam. Ja, die hatte ich tatsächlich übersehen. Heute würde ich sagen: Okay, kann passieren. Soll nicht, aber kann. Weil ich heute die Möglichkeit habe, die Rechnung einfach zu begleichen.

Damals war das anders. Als ich den Brief geöffnet hatte, stand ich unter Schock. Woher jetzt wieder die 250 Euro nehmen? Ich hab sie nicht. Wir haben sie nicht. Fällig in drei Tagen. So schnell bekomme ich nicht einmal einen Termin bei einer Sozialberatungsstelle.

An diesem Tag habe ich meine Kamera auf eine Onlineplattform gestellt. Sie war innerhalb einer Stunde verkauft. Am Abend kam der Käufer vorbei, bezahlte bar, und weg war sie. Der Strom wurde nicht abgedreht, aber mein Lebenselixier war weg.

Ich habe während der Zeit der Armut sehr viel Demütigung erlebt, noch mehr Scham gespürt, täglich an mir gezweifelt. All das war noch irgendwie zu stemmen. Doch der Verlust der einzigen Belohnung, die ich mir immer selbst machen konnte, der einzigen ganz persönlichen Freude, das hat mir zu dem Zeitpunkt den Boden unter den Füßen weggezogen.

Eigentlich wollte ich in den letzten Jahren versuchen, mich dem Thema Armut auf rein struktureller Ebene zu nähern, doch daran scheitere ich immer wieder. Warum? Weil unsere Gesellschaft nur dann aufmerksam zuhört, wenn sie Geschichten und Schicksale vorgeführt bekommt. Wenn sie nachempfinden kann, ohne je selbst in der Situation gewesen sein zu müssen.

Ich werde in diesem Essay die ganz persönliche Geschichte meiner Familie erzählen. Wie wir, eine nicht reiche, aber durchschnittliche Mittelklasse-Familie, eines Tages begriffen, dass Armut nicht nur die anderen trifft, sondern tatsächlich auch uns. Wie wir ausgegrenzt und stigmatisiert wurden und ich schließlich dachte, ich sei selbst daran schuld.

Unsere Geschichte ist kein bedauerliches Einzelschicksal, sondern eine von vielen: Ganze 17 Prozent der Bevölkerung in Österreich sind armuts- oder ausgrenzungsgefährdet.

# Was wir nicht wissen: Was ist Armut?

Musstet ihr schon mal stundenlang in der Kälte warten, weil es keine Möglichkeit gab, nach Hause zu kommen? Ist nicht schön, oder? Normalerweise setzt man sich mit den Kindern in ein Café, wärmt sich bei Tee oder heißer Schokolade auf, bis die Mitfahrgelegenheit da ist. So aber versuchst du drei, vier Stunden zu überbrücken, und es darf nichts kosten. Also gehst du spazieren. Bei halbwegs schönem Wetter ist das ja noch erträglich, bei Regen, Schnee oder eiskaltem Wind wird es zur Belastungsprobe. „Aber ich geh mit meinen Kids bei jedem Wetter raus", werden jetzt viele sagen. Ja, haben wir auch gemacht. Der Unterschied ist, ob man warm genug angezogen, mit gut gefütterten Winterstiefeln, freiwillig rausgeht, um Schneemänner zu bauen und Spaß zu haben, oder ob man gezwungen ist, immer wieder Wartezeiten zu überbrücken, weil einfach das Geld fehlt, um mit dem Bus nach Hause zu fahren.

Arm, das sind nicht nur die Wohnungslosen auf unseren Straßen, hungernde Kinder in anderen Ländern. Ja, im Gegensatz zu vielen anderen Ländern geht es uns hier vergleichsweise gut. Da liegt auch schon der erste Fehler, der gern bei der Debatte passiert, vor: Armut länderübergreifend zu vergleichen. Armut misst sich immer am Standard der Gesellschaft, in der man lebt. Und der ist in Österreich oder Deutschland ein wesentlich anderer als zum Beispiel in Rumänien, Eritrea oder Indien. Dafür, was es heißt, in einem reichen Land arm zu sein, fehlt oft das Verständnis.

Wer Kinder hat, kennt sie, die berühmten Kurzmitteilungen im Elternheft: „Bitte bis morgen 4 Euro für Werken mitgeben“ oder „Wir möchten wichteln, und jedes Kind sollte ein Geschenk bis max. 5 Euro besorgen“, aber auch „Bitte bis morgen 17 Euro für den Ausflug am Freitag mitgeben“ und „Sie sind nächste Woche für die gesunde Jause eingetragen, bitte entweder selbst die Zutaten für die Klasse einkaufen“ – Bioware selbstverständlich – „oder 35 Euro bis morgen mitgeben“. Normale Mitteilungen. Eigentlich. Früher hatte ich mir darüber nie Gedanken gemacht. Bis zu dem Zeitpunkt, an dem „die paar Euro“ eben nicht mehr leistbar waren. Dem Zeitpunkt, an dem ich im Haushalt nirgends 35, 17 oder auch nur 4 Euro herumliegen hatte. Das kann man sich, solange Armut kein Thema ist und einen nicht selbst betrifft, nur schwer vorstellen. Das wurde mir an dem Tag, an dem ich zum ersten Mal wirklich einem unserer Kinder sagen musste, ich habe das Geld nicht, schmerzlich bewusst. Am nächsten Morgen rief ich die Pädagogin an, im Glauben, Verständnis zu bekommen. Stattdessen bekam ich ein „Aber Frau Brodesser, die paar Euro hat man doch immer zu Hause!" zu hören.

Es folgte eine ausführliche Belehrung ihrerseits darüber, wie verantwortungslos sie Eltern finde, die nicht vorausschauend genügend Geld für solche „minimalen Beiträge" zur Seite gelegt hätten. Ihrer Erfahrung nach haben Eltern zwar immer genug Mittel für Handys und allerlei Krimskrams, aber nie für die Kinder. Ich denke, man kann verstehen, warum ich in Zukunft in solchen Situationen eher nicht mehr das Gespräch mit der Schule gesucht habe.

Wie diese Pädagogin wissen die meisten Menschen kaum etwas über Armut. Das hat vor allem damit zu tun, dass Menschen, die Armut nie selbst erlebt haben, so gut wie nie mit Armutsbetroffenen in Berührung kommen. Wir leben in komplett unterschiedlichen Welten. Das beginnt bei der Wohnung. Armutsbetroffene Menschen leben in anderen Stadtteilen als reiche, oft in solchen, die weniger gut vom öffentlichen Nahverkehr erschlossen sind. Auch im Job begegnet man sich selten, denn Armutsbetroffene sind meist chronisch krank, pflegen, betreuen oder sind prekär beschäftigt.

## „Sie wirken aber gar nicht arm!“

Was bedeutet Armut eigentlich? Nähern wir uns zunächst über ein paar Zahlen an: Die Armutsgefährdungsschwelle liegt aktuell für einen Einpersonenhaushalt bei einem Einkommen von 1.371 Euro, bei einem Haushalt mit zwei Erwachsenen und zwei Kindern bei 2.880 Euro.[1] Das entspricht 60 Prozent des Medianeinkommens.

Einer Erhebung aus dem Jahr 2021 zufolge sind 14,7 Prozent der österreichischen Bevölkerung (1.292.000 Menschen) armutsgefährdet, das heißt, sie haben ein Einkommen unter der Armutsschwelle. In Deutschland lag die Armutsgefährdungsquote im Jahr 2021 bei 16,6 Prozent.[2]

Ein Einkommen über der Armutsschwelle zu haben, bedeutet aber noch nicht, dass man sich das tägliche Leben problemlos leisten kann, denn die tatsächlichen Ausgaben liegen um einiges darüber. Das Referenzbudget, das die Schuldnerberatung erstellt hat, um die tatsächlichen alltäglichen Lebenshaltungskosten – wie Miete, Heizung, Schulkosten, Kleidung, soziale und kulturelle Teilhabe – abzubilden, liegt für einen Einpersonenhaushalt in Österreich bei 1.487 Euro, in Deutschland bei 1.291 Euro,[3] für ein Paar mit zwei Kindern bei 3.819[4] bzw. 3.784 Euro.

2,4 Prozent der österreichischen Bevölkerung und 2,6 Prozent der deutschen Bevölkerung sind „erheblich materiell depriviert“, haben also ein so geringes Einkommen, dass wesentliche Güter oder Lebensbereiche nicht leistbar sind – z.B. Waschmaschine und Handy, oder auch, die Wohnung angemessen warm zu halten, einmal im Jahr auf Urlaub zu fahren und unerwartete Ausgaben zu tätigen.

Besonders von Armut gefährdet sind Kinder, Frauen im Alter, Alleinerzieherinnen, Langzeitarbeitslose und Menschen mit ausländischer Staatsbürgerschaft. Mit großen Problemen sind Menschen mit chronischer Erkrankung konfrontiert. Fast ein Viertel aller Armuts- und Ausgrenzungsgefährdeten sind Kinder. Von in Ein-Eltern-Haushalten lebenden Kindern ist sogar fast die Hälfte armuts- oder ausgrenzungsgefährdet.[5]

Obwohl ein so hoher Prozentsatz der Bevölkerung von Armut betroffen ist, bekommen die meisten Menschen in ihrem Alltag davon kaum etwas mit. Denn dass jemand unterhalb der Armutsgrenze lebt, ist nicht unbedingt sichtbar. Vor einigen Jahren hat mir der Satz „Aber Sie wirken doch gar nicht so, als wären Sie arm!“ noch geschmeichelt, weil ich dachte: Okay, ich kann mich, obwohl ich weit unter der Armutsgrenze lebe, so präsentieren, als wäre ich ganz „normal“. Inzwischen ärgern mich solche Aussagen nur noch, denn sie implizieren: Wer arm ist, kann sich nicht „normal" kleiden oder müsse ungepflegt sein. Ich laufe heute übrigens öfter in legerer Kleidung herum als noch während der Zeit der Armut. Weil es mir inzwischen egal ist. Weil ich mich nicht mehr rechtfertigen muss. Weil ich nicht das Gefühl habe, etwas verstecken zu müssen.

Beschämung beginnt klein, unauffällig. Ich habe sie zumindest in der ersten Zeit nicht einmal wahrgenommen. Wahrscheinlich wollte ich sie nicht sehen. Wollte nicht, dass die Sätze auf mich zutreffen. Armut trifft mich doch nicht, denn ich bin weder faul noch ungebildet noch eine Schmarotzerin. Also können diese Sätze, diese Zuschreibungen, doch gar nicht für mich gemeint sein!

Noch immer war ich selbst in diesem Denken gefangen, dass Armut „die anderen" sind. Die, die faul vorm Fernseher sitzen, die ja wirklich nichts ändern möchten. Ja, auch ich habe einmal so gedacht.

Oder passe ich etwa doch in diese Schublade, und sehe es nur nicht? Je öfter man Vorurteile zu hören bekommt, desto tiefer setzen sie sich fest. Und bleiben. Und stechen. Ist womöglich etwas Wahres dran? Suche ich nur Ausreden? Bin ich zu wenig bemüht?

Doch bis man die Beschämungen selbst glaubt und übernimmt, vergeht noch einige Zeit, in der man an seinem alten Leben festhält und versucht mitzuhalten.

Zumindest den Anschein zu wahren, man würde mithalten können. Vor allem wegen der Kinder.

Im Jahr 2008 waren wir fast so etwas wie die typische Durchschnittsfamilie. Nette Wohnung in einer Familiensiedlung, zwei Autos, Urlaub, Ausflüge, Essen gehen, Kinobesuche, Kindergeburtstage mit vielen Freund*innen. Kein Luxusleben, aber auch keine wirklichen Probleme. Eine defekte Waschmaschine war zwar ärgerlich, aber kein Grund, sich nächtelang in den Schlaf zu weinen. Mein Mann und ich wollten übrigens seit Beginn unserer Beziehung im Jahr 2002 immer eine große Familie. Und so war ich 2008 mit unserem dritten gemeinsamen und meinem vierten Kind schwanger. Er hatte immer Vollzeit gearbeitet, war nebenbei noch selbstständig tätig, und ich hatte mit geringfügigen Jobs das Haushaltseinkommen etwas aufgebessert.

In der 20. Schwangerschaftswoche hatte ich einen der üblichen Kontrolltermine beim Frauenarzt meines Vertrauens. Ich kannte ihn nun schon eine Zeitlang, er war immer sehr gesprächig und aufmerksam. Doch als er bei dieser Untersuchung immer stiller wurde, und je länger er konzentriert auf den Monitor blickte, begann meine Unsicherheit zu wachsen. Er finde den Magen des Kindes nicht, ich solle bitte einen Termin in der Frauenklinik zur Abklärung vereinbaren. Heute noch. Innerlich dachte ich: „Haha, heute. Einen Termin. Niemals bekommt man dort so schnell einen." Eine Stunde später saß ich in der Klinik. So kann man sich täuschen. Zum ersten Mal im Leben hörte ich von einer Zwerchfellhernie und dass das Kind die Geburt wahrscheinlich nicht überleben würde, und ich solle doch einen Abbruch der Schwangerschaft in Erwägung ziehen. Die Erklärungen der Ärztin, was diese Fehlbildung bedeutet, habe ich nicht mehr wahrgenommen.

Wir haben uns gegen den Abbruch entschieden, es folgten viele Gespräche mit dem Primar, der uns schließlich gut über die Fehlbildung, die möglichen Komplikationen und Folgeerkrankungen aufklärte. Alles in allem klang es nicht mehr ganz so schlimm, und wir dachten, nach sechs bis acht Wochen Spitalsaufenthalt würden wir ein halbwegs gesundes Kind zu Hause haben.

Tja, unsere Tochter hat jede Komplikation mitgenommen, die möglich war, lag wochenlang im Tiefschlaf, hat Lungenhochdruck entwickelt und vieles mehr. Aus Wochen wurden Monate. Und selbst nach der Entlassung war an einen normalen Tagesablauf nicht zu denken. Er bestand im Wesentlichen aus Besuchen von Krankenpfleger*innen, aus Überwachung, aus Abwägen, ob noch warten oder wieder den Notarzt rufen, aus Reanimationen, aus Therapien, aus Rückschlägen. Ihre Lunge war zu klein, zu kaputt, um am normalen Alltag teilnehmen zu können. Es wurde schließlich mit den Jahren besser, doch bis zur dritten Klasse Volksschule war an eine durchgängige Schulwoche nicht zu denken. Immer wieder kamen entweder Anrufe, ich müsse sie bitte abholen, weil sie wieder Symptome einer Tachykardie aufwies, oder aber nach zwei Tagen Anstrengung schlief sie 18 Stunden am Stück. Sie brauchte die Erholungsphasen. Was für mich bedeutet hat: kein normaler Job. Nicht mal Teilzeit.

Anfangs, also 2009 und 2010, konnten wir das alles noch finanziell stemmen, obwohl eine Erkrankung eines Kindes ja nicht nur bedeutet, dass man als Mutter oftmals aus dem Erwerbsleben ausfällt, sondern auch immense zusätzliche Kosten verursacht, da nicht alles auf Krankenschein erhältlich ist. Bei uns hat sich das teilweise auf über 800 bis 1.000 Euro pro Monat belaufen. Allein die Spezialnahrung, für die es keine Zuschüsse gab, kam auf 20 Euro pro Tag. Mein Mann hat versucht, meinen Ausfall zu kompensieren und sieben Tage die Woche gearbeitet, damit wir alle Kosten stemmen können.

Dass so etwas nicht lange gut gehen kann, sollte man eigentlich wissen. Wir haben es ignoriert. Bis mein Mann im Herbst 2012 zusammengebrochen ist. Burnout. Es folgte die sofortige Kündigung seitens der Firma. (Mit psychischen Erkrankungen wollen wir nichts zu tun haben, das dauert ewig, bis du wieder arbeitsfähig bist. Melde dich, sobald es dir besser geht, dann können wir versuchen, eine Stelle für dich zu finden. Vielleicht. Auch wenn du zehn Jahre bei der Firma warst, aber hier ist nun mal jeder austauschbar. Du verstehst das sicher.)

Anstatt Therapie zu verordnen, hat uns ein Arzt erklärt, Burnout gäbe es nur bei Managern, und es sei heutzutage eine Ausrede für all jene, die sich bequem in den Sessel fallen lassen wollten. Nach kaum 14 Tagen Krankenstand war mein Mann also wieder auf Arbeitssuche. Er, der es nicht kannte, erwerbslos und vom Arbeitsmarktservice abhängig zu sein, nahm schließlich den erstbesten Job, den er finden konnte. Niedriglohnsektor, freier Dienstnehmer. Prekär.

Denn mit Erwerbslosigkeit ist immer Angst verbunden. Angst, in die Armut zu fallen, in der man dank Niedriglohnjob eigentlich schon ist. Doch „wer sich genug bemüht, findet einen Job" ist ein Mythos: Es gibt nicht so viele offene Stellen wie Armutsgefährdete. In unserem Fall hat genau die Einstellung „ein prekärer Job ist besser als gar keiner" in die Armut geführt.

Zu Beginn war noch eine gewisse Hoffnung da: Es ist ja nicht auf Dauer. Er findet sicher was Besseres. Trotz dutzender Bewerbungen kam aber nichts Besseres. Und irgendwann hat er sich damit abgefunden. Als freier Dienstnehmer zu arbeiten, bedeutet, nur für die tatsächlichen Stunden bezahlt zu werden. Kein Urlaub, keine freien Tage, kein Weihnachts- oder Urlaubsgeld. Kein Krankenstand.

2016 kam, was kommen musste, wenn man ein Burnout nicht behandelt – es ging nichts mehr. Also ging mein Mann zum Arzt, um sich krankschreiben zu lassen und um eine Therapie zu bekommen. Das war im Jänner. Einen Therapieplatz hätte er im Juni bekommen! Bis dahin hätte er von 219 Euro Krankengeld eine Familie über die Runden bringen müssen. Kein Aufstocken, keine Sozialhilfe, weil eben freie Dienstnehmer in Österreich als Selbstständige gelten. In dieser Zeit habe ich (natürlich nicht angemeldet) für andere geputzt, gekocht, Nachhilfe gegeben, damit wir zumindest die Miete halbwegs bezahlen können.

## Armut: Das willkommene Feindbild der Politik

Allzu gern wird uns von der Politik vermittelt, dass Armutsbekämpfung ein wichtiges Thema sei. Doch wie sieht die Wirklichkeit aus? Laut österreichischem Regierungsprogramm 2020 sollte die Zahl der Armutsbetroffenen in Österreich bis zum Ende dieser Legislaturperiode halbiert werden. Doch was bisher geschah, ist wenig dazu geeignet. Zwar wurden Sozialleistungen an die Inflation angepasst, nicht jedoch das Arbeitslosengeld. Um die Teuerungen im Jahr 2022 abzufedern, erhielten viele Haushalte Einmalzahlungen. So wichtig diese Maßnahmen in Zeiten von Krisen sein mögen, sind sie doch weit entfernt von nachhaltiger Armutsbekämpfung.

In Deutschland findet man im Regierungsprogramm keine Forderung zum Thema Armut, wohl aber gibt die Bundesregierung regelmäßig den Armuts- und Reichtumsbericht[6] in Auftrag, mit dem Ziel, politische Handlungsoptionen zu entwickeln, um Armut und Ungleichheit zu bekämpfen.

Die Unterstützung von Armutsbetroffenen obliegt in vielen Bereichen nach wie vor der Zivilgesellschaft: Elternvereinen, die Zuschüsse gewähren, NGOs, die bei Mietrückständen aushelfen, oder Sozialmärkten. Rechtsanspruch gibt es darauf keinen. Wir sammeln Spenden, um dort Almosen zu verteilen, wo der Staat versagt.

Wir hinterfragen aber in den seltensten Fällen, warum eigentlich. Warum sind in den reichsten Ländern der Welt Spenden nötig, damit Menschen über die Runden kommen? Warum müssen sich Betroffene ständig erklären, rechtfertigen, Beweise vorlegen und hoffen, als „würdige Almosenempfänger*innen" anerkannt zu werden?

Manchmal drängt sich der Gedanke auf, dass Armut vielleicht sogar irgendwie gewollt ist. Denn fest steht: Ohne unsichere, unterbezahlte Jobs würde unsere Gesellschaft in der derzeitigen Form nicht funktionieren. Ohne prekär beschäftigte Paket- und Essenslieferanten, 24-Stunden-Betreuerinnen und Reinigungskräfte wären diese Leistungen wesentlich teurer. Die Gesellschaft baut also darauf, dass viele Menschen zu schlechten Bedingungen arbeiten. Der Glaube, dass jeder Job besser ist als keiner, trägt dazu bei, dass prekär bezahlte Jobs immer wieder nachbesetzt werden können.

Armutsbetroffene müssen oft als Feindbilder für die Politik herhalten. „Wir stehen für die hart arbeitende Bevölkerung ein, für alle, die morgens aufstehen“ ... „Wir sind die Partei des kleinen Mannes“ (was auch immer das bedeuten soll) ... „Viele haben den Berufswunsch AMS“ ... „Viele wollen gar nicht arbeiten“ ... „Viele nutzen die Fleißigen aus“. Wer regelmäßig die Aussagen von konservativen oder rechten Politiker*innen verfolgt, hat es sicher schon bemerkt: Niemals nennen sie bei diesem Thema Zahlen oder Fakten, sondern werfen immer ein vages Vorurteil in den Raum. Damit lassen sich geneigte Wähler*innen besänftigen. Es geht nicht um Fakten oder darum, Armut zu reduzieren. Es geht um Wähler*innen. Um Stimmungsmache. Regierungsverantwortliche kennen die Zahlen und die strukturellen Probleme dahinter. Armut ließe sich größtenteils verhindern: indem man Vereinbarkeit von Beruf und Familie garantiert, chronisch erkrankte Menschen absichert, Mindestlöhne anhebt, Bildungschancen verbessert. Doch obwohl das alles bekannt ist, geschieht bisher sehr wenig in diese Richtung.

Dabei bedeutet Armutsbekämpfung nicht, dass anderen etwas genommen wird, auch wenn sich viele davor fürchten. Doch: Nicht wir sind schuld an Inflation, an Teuerungen, wir sind nicht schuld, dass ihr euch trotz Ausbildung und Arbeit nichts mehr ansparen könnt! Wir sind es nicht, die die Immobilienpreise in die Höhe treiben. Wir sind es nicht, die eure Löhne nicht angemessen steigen lassen, sodass ihr wegen steigender Fixkosten immer weniger zum Leben habt!

Es ist an der Zeit, die Debatte endlich in eine andere Richtung zu bewegen. Weg von der Stigmatisierung, weg von Schuldzuweisungen an Betroffene. Hin zum Aufzeigen, warum Menschen in Armut leben, warum sie keine oder nur prekäre Jobs finden, warum sie wegen Erkrankungen arm sind und warum sie wegen Armut krank werden. Hin zum Aufklären darüber, dass ein Ende der Generalvorurteile nicht ein Ende der Zivilisation bedeuten würde, sondern den Beginn einer ernsthaften Arbeit an nachhaltiger Armutsbekämpfung. Hin zum Verlangen, dass die Wohlhabendsten unter uns ihren Beitrag leisten müssen, auch wenn sie dadurch ein klein wenig ihres Reichtums einbüßen würden. Hin zu fairen Löhnen, sicheren Arbeitsverhältnissen, weg von Ausbeutung.

## Wann ist man Leistungsträger*in?

Politiker*innen brüsten sich gerne damit, Politik „für Leistungsträger" zu machen. Dabei sollte man durchaus einmal hinterfragen, wie Leistung in unserer Gesellschaft definiert wird. Ein Vorstand eines ATX-notierten Unternehmens hat bereits am 4. Jänner so viel verdient wie jemand mit einem Durchschnittseinkommen zum Ende des Jahres. Was war da die Leistung, die so unglaublich viel mehr wert sein soll? Menschen, die betreuen, pflegen, mit Erkrankungen kämpfen und täglich ihren Alltag stemmen müssen – leisten die „weniger"? Eine Studie der britischen New Economics Foundation hat erhoben, welcher Beruf am wichtigsten für unsere Gesellschaft ist und welcher am schädlichsten.[7] Nun, der wichtigste Job ist jener der Krankenhausreinigungskraft. Denn ohne sie würden sich Viren und Bakterien unkontrolliert verbreiten und zu längeren Aufenthalten, mehr Komplikationen, mehr Todesfällen führen. Ohne diesen Job würde das Wirtschaftssystem zu bröckeln beginnen, weil zu viele Menschen nicht gesunden könnten. Der für die Gesellschaft schädlichste Job hingegen ist jener der Steuerberater*innen. Denn diese helfen dabei, dem Staat weniger Einnahmen zukommen zu lassen. Und wer verdient mehr? Wir sehen also, das Einkommen hat keineswegs etwas mit „Leistung" zu tun.

Als „Leistung" wird oft auch nur ein Vollzeitjob angesehen. Das Argument „Wer zu staatlichen Hilfen dazuverdienen könnte, sollte doch eher einen Vollzeitjob annehmen" stellt für Betroffene oft ein Hindernis dar, aus der Armut herauszukommen. Oft können sie nur geringfügig arbeiten (das sind im Jahr 2023 500,19 Euro), um staatliche Unterstützungsleistungen nicht zu verlieren. Eine geringfügige Arbeit bedeutet aber: kein Anspruch auf Arbeitslosengeld, Umschulungen oder Weiterbildungen, kein bezahlter Urlaub, sehr eingeschränktes Krankengeld. Stattdessen einfach einen Vollzeitjob anzunehmen, ist oft nicht möglich, denn ein solcher würde nicht nur ein entsprechendes Angebot, sondern auch vollste Vereinbarkeit mit der Familie und Gesundheit voraussetzen – die viele eben nicht haben. Gerade für diese Menschen wäre aber eine Zuverdienstmöglichkeit wichtig, denn abseits vom finanziellen Aspekt ist diese oft die einzige Möglichkeit für soziale Kontakte sowie eine Tagesstruktur.

Oft werden Bedenken geäußert, dass Menschen das Sozialsystem ausnützen könnten. Ja, das gab es immer und wird es immer geben. Doch der größte Schaden für den Staat entsteht bei weitem nicht durch sogenannte Sozialschmarotzer. Im Jahr 2021 lag der Schaden durch Lohnbetrug allein in Österreich bei einer Milliarde Euro.[8] Durch Steuerhinterziehung entgehen dem Staat bis zu 15 Milliarden Euro jährlich.[9] Doch gibt es dazu eiligst einberufene Pressekonferenzen? Eher nicht, diese finden meist zum Thema Sozialbetrug statt, der 2021 20 Millionen Euro ausmachte. Menschen, die betrügen, die andere ausnützen, gibt es in jeder Einkommensschicht. Der Unterschied ist: Der Generalverdacht gilt nur für die am untersten finanziellen Level.

Niemand kommt zur Welt und träumt von einem Leben unter der Armutsgrenze. Kein Mensch wacht eines Morgens auf und beschließt, ab nun die Tage in der sozialen Hängematte zu verbringen, weil diese so gemütlich sein soll. Wer das immer noch glaubt – legt euch doch bitte selbst rein. Versetzt euch einmal in die Lage von Armutsbetroffenen, versucht darüber nachzudenken, wie es ist, eine Bewerbung nach der anderen zu verschicken und eine Absage nach der anderen zu bekommen, wie es sich anfühlt, mit 45 für den Erwerbsmarkt bereits zu alt zu sein. Stellt euch vor, jeden Monat zittern zu müssen, ob am Ende genug Geld für Lebensmittel übrig sein wird. Stellt euch vor, keine Träume mehr zu haben, weil sie noch nie in Erfüllung gegangen sind.

# Was wir leugnen: Der Weg in die Armut

Wenn mir heute Menschen bei Gesprächen oder Vorträgen erklären, dass ihnen Armut niemals passieren würde, da sie fleißig sind, immer eine Erwerbsarbeit finden würden und notfalls vorübergehend im Niedriglohnsektor arbeiten – dann ringt mir das nur noch ein müdes Lächeln ab. Und ein klein wenig Mitleid, denn so waren früher meine eigenen Gedankengänge. Aufgewachsen in einem Beamtenhaushalt, hatte ich die Möglichkeit, eine höhere Schule zu absolvieren, und selbst als ich sehr jung, nämlich mit 21, zum ersten Mal Mutter wurde und alleinerziehend war, konnte ich dank meines Umfelds Vollzeit arbeiten gehen. Sowohl meine Eltern als auch meine Großeltern haben die Betreuung übernommen, wenn die Krabbelstube und später der

Kindergarten geschlossen hatten. Zu dem Zeitpunkt waren sie auch noch alle gesund. Ich hatte mir damals nie Gedanken darüber gemacht, was passieren würde, wenn diese Unterstützung wegfällt.

In Kommentarspalten und auf Twitter findet man Kommentare wie „Aber ich habs doch auch geschafft. Mit viel Anstrengung, harter Arbeit, ohne jegliche Unterstützung durch andere. Deshalb habe ich überhaupt kein Mitleid mit diesen Sozialschmarotzern!“ wie Sand am Meer. Anfangs habe ich mir oft die Mühe gemacht und hinterfragt: Wie darf man dieses „ohne jegliche Unterstützung“ verstehen? Meistens hat sich herausgestellt, dass es sehr wohl Hilfe gab. Sei es bei der Kinderbetreuung (Verwandte, die das Kind abholen, wenn man länger arbeiten oder einspringen muss oder sich bei Krankheit kümmern) oder weil der Kindergarten ausreichend Betreuung anbietet bzw. weil es Nachmittagsbetreuung in der Schule gab. Es wird sehr gerne vergessen, dass dies nicht überall der Fall ist. Und dass es mit Glück zu tun hat, wenn alle gesund sind!

Österreich und Deutschland sind Sozialstaaten, deren Bürger*innen von zahlreichen Sozialleistungen profitieren: Familien etwa von Familienbeihilfe, Kinderbetreuungsgeld und Steuererleichterungen. Eltern können in Karenz gehen und Pflegefreistellung in Anspruch nehmen, wenn ihre Kinder krank sind. Andere Unterstützungen für Familien gibt es etwa in Form von Wohnbeihilfe und beitragsfreiem Unfallversicherungsschutz. Menschen in Ausbildung profitieren etwa von Schüler*innenbeihilfe, Freifahrt in öffentlichen Verkehrsmitteln, Studienbeihilfe, begünstigter Krankenselbstversicherung, Bildungskarenz oder einem Fachkräftestipendium.[10]

Wie essenziell diese Sozialtransfers sind, kann man daran ablesen, dass ohne sie in Österreich knapp 50 Prozent der Menschen unter der Armutsgefährdungsschwelle liegen würden.[11]

Für Menschen, die ihren Lebensunterhalt trotzdem noch nicht decken können, steht ein weiteres soziales Netz zur Verfügung: die Mindestsicherung bzw. Sozialhilfe. Ihr Bezug ist an strikte Voraussetzungen – von der Arbeitswilligkeit über die Bedarfsprüfung bis zur Vermögensverwertung – gebunden. Die Höhe der Sozialhilfe ist in allen österreichischen Bundesländern annähernd gleich, doch die Kriterien sind unterschiedlich.[12] Während in Wien etwa eine Wohnbeihilfe nicht als Einkommen gewertet wird, wird sie in Oberösterreich von der Sozialhilfe abgezogen.[13]

Auch in Deutschland gibt es als letztes soziales Netz eine Grundsicherung, die dabei helfen soll, den Lebensunterhalt zu decken. Diese fällt mit 502 Euro um einiges geringer aus als in Österreich (978 Euro), wobei Wohnkosten im Unterschied zu Österreich grundsätzlich übernommen werden. Wird eine Wohnung allerdings nicht als „angemessen“ beurteilt, kann es sein, dass man umziehen muss.

Obwohl der Sozialstaat vieles bewirkt, hat er nach wie vor große Lücken. Zu viele Menschen mit Erkrankungen, Ältere, Alleinerziehende, prekär Beschäftigte, aber auch pflegende Angehörige geraten in die Armutsspirale. Teils wegen fehlender Unterstützungsangebote, teils wegen fehlenden Anspruchs, teils aus Unwissenheit und fehlender Information, teils aber auch, weil sich viele schämen, ihnen zustehende Leistungen in Anspruch zu nehmen, weil sie mit einem Bild aufgewachsen sind, das Armut als Folge von fehlendem Bemühen oder gar Faulheit darstellt, anstatt als Folge von strukturellen Problemen, die bis heute nicht ausreichend behoben wurden.

## Was man nicht wissen kann

Für Betroffene ist es nicht leicht, sich im Dschungel an Informationen zurechtzufinden und zu erfahren, welche Leistungen ihnen zustehen. Falsche Informationen und schlechte Beratung wurden auch uns zum Verhängnis.

Nachdem mein Mann wegen Burnouts seine Anstellung verloren hatte, arbeitete er als freier Dienstnehmer. Damals bekamen wir von allen Seiten, also von Behörden bis Sozialberatungstelle der Gemeinde, die Auskunft: Sorry, in eurem Fall können wir nichts machen. Er soll am besten kündigen, sich arbeitslos melden. Dann bekommt ihr etwas. Eine Kündigung von seiner Seite hätte jedoch eine einmonatige Sperre beim Arbeitslosengeld bedeutet, und das war für uns schlicht nicht überbrückbar. Heute weiß ich jedoch, dass wir in unserer Situation sehr wohl Anspruch auf Hilfe gehabt hätten.

Es gibt kaum gesicherte Zahlen dazu, wie viele Menschen als freie Dienstnehmer*innen beschäftigt sind, obwohl sie nach dem Gesetz eigentlich angestellt sein müssten, doch Organisationen wie Arbeiterkammer, Wirtschaftskammer und Gewerkschaften thematisieren dieses Problem immer wieder. Für Unternehmen ist es oft billiger, Arbeitnehmer*innen nicht anzustellen, da sie für freie Dienstnehmer*innen oder selbstständige Auftragnehmer*innen nur effektiv geleistete Arbeitsstunden bezahlen müssen und Lohnnebenkosten großteils wegfallen. Für die Beschäftigten bedeutet das wiederum: kein Weihnachts- und Urlaubsgeld, geringere soziale Absicherung, im Krankheitsfall nur wenig Krankengeld.

Auch geringfügige Beschäftigung kann zum Problem werden. Bevor unsere kranke Tochter geboren wurde, war ich neben der Betreuung meiner älteren Kinder immer geringfügig beschäftigt, meist sogar mehrfach. Geringfügig Beschäftigte haben keinen Anspruch auf Arbeitslosengeld. Da ich wegen der Betreuung und Pflege nicht mindestens 20 Stunden für den Arbeitsmarkt zur

Verfügung stand, hatte ich keinen Anspruch auf Sozialhilfe. Mein Mann als freier Dienstnehmer ebenso wenig. So wurde es uns zumindest von allen Seiten kommuniziert. In einer Beratungsstelle wurde mir geraten, die Scheidung einzureichen und auszuziehen, dann hätten zumindest die Kinder und ich Anspruch auf bedarfsorientierte Mindestsicherung.

Heute weiß ich, dass wir trotzdem etwas bekommen hätten müssen. Auch für freie Dienstnehmer gibt es einen Anspruch auf Sozialhilfe, zum Beispiel wenn man aufstocken muss. Man muss nur monatlich die Lohnzettel vorlegen. Das bedeutet natürlich viel Aufwand und immer neue Berechnungen, aber es ist möglich. Unsere Berater*innen waren damals mit unserer ungewöhnlichen Situation schlicht überfordert, auch wenn einige sehr engagiert waren und herumtelefonierten, um doch noch eine Möglichkeit zu finden, uns zu helfen. Heute bin ich wesentlich besser informiert und habe gute Kontakte zu Menschen, die sich in dem Bereich sehr gut auskennen. Heute könnte und würde ich mich wehren. Damals hatte ich niemanden und glaubte, was mir diese Stellen sagten.

Natürlich kann man sich viele Informationen im Internet suchen. Doch vor allem, was Soziales betrifft, ist und bleibt es weitgehend undurchsichtig. Ich bin nun seit Jahren sehr aktiv in diesem Bereich, doch selbst ich lerne ständig dazu. Nicht nur, weil es von Bundesland zu Bundesland unterschiedliche Regelungen und Voraussetzungen gibt, sondern auch weil Sozialleistungen ständig neu geregelt werden und schließlich, weil manche Zuschüsse sehr wenig bekannt sind.

Wer also nicht gut vernetzt ist oder Unterstützung von Menschen mit genug Erfahrung auf dem Gebiet bekommt, dem kann es so wie uns passieren, durch das soziale Netz zu fallen. Es gibt in Österreich über 70.000 sogenannte Non-Takers, also Menschen, denen zwar Sozialleistungen zustehen würden, diese aber nicht beanspruchen. Manche aus Scham, aber viele, weil sie schlicht nicht wissen, dass sie anspruchsberechtigt wären. Einige sicher auch, weil sie nicht gut beraten wurden. Es gibt genug engagierte Berater*innen, man muss allerdings das Glück haben, auf solche zu treffen. Und hier liegt das Problem: Die Unterstützung darf nicht davon abhängig sein, wie engagiert die Beraterin ist.

## Was man nicht sehen will

Es dauert im Durchschnitt bis zu 18 Monate, bis man realisiert, in Armut gerutscht zu sein. Von dem Zeitpunkt, an dem man den Job verliert, durch Erkrankung nicht mehr wie bisher arbeiten kann oder prekär arbeitet, bis zu dem Zeitpunkt, an dem eine Reparatur oder Nachzahlung nicht mehr zu schaffen ist, hofft und glaubt man, es ginge bald wieder aufwärts. Der Aufprall in der Realität ist dafür umso härter. Niemand möchte wahrhaben, nun in der Armut angekommen zu sein. Niemand gesteht sich das gerne ein. So war es auch bei mir.

Du versuchst, so lange wie möglich „mitzuhalten". Beginnst bei Dingen wie einem Friseur- oder dem Saunabesuch einzusparen, verzichtest auf neue Kleidung. Ist doch immerhin nur vorübergehend ... Ja, die trügerische Hoffnung! Je mehr Monate vergehen, desto mehr ziehst du dich zurück. Suchst die berühmten Ausreden, wenn es um gemeinsame Aktivitäten mit Freunden oder Nachbarn geht. Eine Zeitlang funktioniert das ja noch ganz gut, doch irgendwann merken selbst die entferntesten Bekannten, dass etwas nicht stimmt. Meist nehmen sie an, du willst einfach keinen Kontakt mehr. Ihnen die Situation zu erklären, wäre jetzt der vernünftigste Weg, doch dafür hast du bereits zu viel Beschämungserfahrung gesammelt, kennst ihre Meinungen, wenn über Erwerbslose debattiert oder über Familien hergezogen wird, die Zuschüsse zu Schikursen benötigen. Nein, das möchtest du dir nicht antun.

Wer Kinder hat, weiß, dass man zuerst bei sich selbst spart, um ihnen weiterhin alles zu ermöglichen. Sei es die Mathenachhilfe, der Sportverein oder das Kino mit Freundinnen am Wochenende. Vor allem Sportvereine wären so wichtig! Doch – vor allem auf dem Land – kannst du irgendwann all die Fahrten zu den Spielen, all die Brötchen, die du vorbereiten müsstest, nicht mehr stemmen. Was sagen? Sorry, mir fehlt das Geld dazu? Den Mut haben nicht viele, verständlicherweise. Ich hatte ihn auch nicht. Also lässt du irgendwann die Auswärtsspiele weg. Das bedeutet auch, dass dein Kind im Verein nicht von der Stelle kommt. Und irgendwann gar nicht mehr hingehen will. Ja, ich hätte damals für meine Kinder mutiger sein müssen. Das war definitiv meine Schuld. Aber ich hatte die Kraft dafür nicht mehr. Auch das ist Armut: wenn dir die Kraft fehlt, dich mit all den Vorurteilen auseinanderzusetzen, dich immer wieder zu rechtfertigen.

Und irgendwann kommt der Tag, an dem die Fassade zu bröckeln beginnt. An dem dir auch offen ins Gesicht gesagt wird, wie jämmerlich deine Situation ist.

Ich brauchte ein Auto, denn ich hatte einen Teilzeitjob begonnen, mein Mann war viel unterwegs, und ich hätte es ohne Auto nicht rechtzeitig zum Kindergarten geschafft. Wir haben eines gefunden. Um 600 Euro. Verdammt viel Geld. Dafür musste die Miete warten, aber die könnte ich ja im nächsten Monat nachzahlen, wenn das erste Gehalt da wäre. Natürlich war das Auto alt und rostig, aber es erfüllte seinen Zweck. Ich war unglaublich stolz, dass wir es trotz unserer Situation geschafft hatten, eines zu bekommen. Bis am Nachmittag der Nachbar bei mir stand, während ich das Auto innen reinigte, nur um mir zu sagen, wie erbärmlich es sei und warum ich mir nicht einfach eines auf Leasing genommen hätte. Verlierer, wer sowas fährt! Wer will, muss sowas nicht fahren. Der Wagen wäre doch innerhalb weniger Tage hinüber, und das zeige doch, dass ich wieder nur eine Ausrede suchen würde, um dann nicht mehr arbeiten zu können. Dass ich ohne festes Einkommen niemals ein „besseres“ Auto bekommen würde, geschweige denn einen – selbst kleinsten – Kredit, um etwas mehr auslegen zu können, hat er beiseite gewischt: „Ausreden! Wer will, findet immer einen Weg!“ Mit einem kurzen Gespräch war mein Stolz über das Auto weg und ein weiterer Schritt zum Rückzug getan.

Die trügerische Hoffnung, der langsame, verzögerte Aufprall in der Realität, die Vorurteile, die wir alle über Armut haben, all das zusammen trägt dazu bei, dass Betroffene oft erst sehr spät Unterstützung suchen. Meist zu spät.

Irgendwann vermeidest du sogar Elternabende. Weil du „die paar Euro kann doch jede ansparen, wenn man sich genug bemüht“ nicht mehr hören kannst, aber auch nicht den Mut und die Kraft hast, dem etwas entgegenzusetzen. Vor allem dann nicht, wenn du in dem Denken drinnen bist, nur du schaffst es nicht. Nur du bist die Versagerin.

Seit ich gelernt habe, wie viele Armutsbetroffene es gibt, dass sie annähernd mit den gleichen Problemen und Vorurteilen konfrontiert sind, seit ich weiß, dass es an den Strukturen und nicht am individuellen Verhalten liegt, seither kann ich sogar auf Elternabenden in die Runde sagen: „Sorry, dafür reicht das Geld einfach nicht!“ Und seitdem melden sich auch andere Eltern, denen es ähnlich geht. Aber damals war ich noch lange nicht so weit, sondern erst am Beginn des Rückzugs. Also kein Kaffeehaus mehr, keine Ausflüge, kein Essengehen, kein Kino.

All das lässt sich gut unter Vermeidungshaltung zusammenfassen. Genau die hab auch ich an den Tag gelegt. Eine Veranstaltung besuchen, selbst wenn der Eintritt kostenlos ist? Muss ich dort etwas konsumieren? Was soll ich mit anderen reden? Ich hab nichts zu sagen. Und was, wenn mich jemensch fragt, was ich beruflich mache? Smalltalk?

## Der Teufelskreis aus Scham und Beschämung

Heute stelle ich mir oft die Frage, wie wohl alles verlaufen wäre, wenn ich von Anfang an offensiv mit unserer Armut umgegangen wäre. Ohne Angst vor Beschämung. Wahrscheinlich hätte ich uns einige Jahre an Isolation erspart. Höchstwahrscheinlich hätte das Umfeld versucht, vor allem den Kindern Teilhabe zu ermöglichen. Ich habe es aber damals nicht geschafft, hatte die Kraft ganz einfach nicht dafür, hatte Angst, mich alleine gegen die Vorwürfe wehren zu müssen. Genau deshalb versteckt man die Armut so gut es geht und beginnt Ausreden zu suchen. Leider können wir dieses Wochenende nicht zur Grillerei kommen, wir haben selbst Besuch!

(Was natürlich gelogen war, aber Fleisch zum Grillen selbst mitbringen bedeutet wesentlich mehr ausgeben, als fürs Wochenendbudget der Lebensmittel geplant war.) Macht ihr mit? Wir würden für Dezember eine Kutsche anmieten und den Kindern ein unvergessliches Wintererlebnis gönnen. Sind nur 10 Euro pro Kind! Sorry, da haben wir bereits was anderes geplant. Jede Woche. Jede einzelne Woche habe ich nach neuen Ausreden gesucht. Wenn ich mal versucht hatte, zu sagen, dass es einfach zu teuer sei, kam als Antwort: „Die paar Euro kannst du doch irgendwo einsparen, wer das nicht kann, sollte keine Kinder haben!" Zack, Versuch der Offenheit abgehakt.

Je öfter du diese Ausreden bringst, desto weniger oft wirst du gefragt. Verständlicherweise. Das Umfeld denkt irgendwann, du möchtest einfach keinen Kontakt haben, manche halten dich für arrogant. Dabei möchtest du ihnen entgegenschreien: „Nein, das hat nichts mit Arroganz zu tun, aber ihr wollt die Wahrheit doch gar nicht hören!"

Dieser Teufelskreis ist beinahe allen Armutsbetroffenen bekannt. Einerseits soll man unter Menschen gehen, um die Kontakte aufrechtzuerhalten. Andererseits hat einen Beschämung so weit gebracht, dass man ein zutiefst unsicherer Mensch geworden ist. Wenn ich heute zurückblicke, sehe ich: Es war der absolut falsche Weg. Ich hätte damals schon ganz offen mit der Situation umgehen sollen. Es hätte viele Gespräche gebracht, viel Verständnis. Denn seit ich offen mit dem Thema umgehe, erlebe ich vor allem im Umfeld wesentlich weniger Beschämung. Doch das weiß man nicht, solange man sich in dieser Spirale befindet. Und ohne Kontakte zu anderen hat man auch keinerlei Rückhalt und erfährt keine Bestärkung – die jedoch das Wichtigste ist, um der Beschämung zu entkommen.

Beschämt zu werden, Vorurteilen ausgesetzt zu sein, ist die eine Seite. Sich aus lauter Scham, weil man selbst die Vorurteile verinnerlicht hat, weil man selbst nie in die Schublade der „Armen" gesteckt werden möchte, aus dem gesellschaftlichen Leben zurückzuziehen, die andere. Ich hatte genauso wie viele all die Vorurteile geglaubt und wollte um jeden Preis verhindern, mit „denen" verglichen zu werden. Ich wollte im Prinzip nicht mit mir selbst verglichen werden, aber das wurde mir erst viel später bewusst. Denn die, das war ich. Ich war die. Ich war das Paradebeispiel von Armut. Habe lange ignoriert, wie die Situation wirklich ist, noch länger versucht, die Maskerade aufrechtzuerhalten. Mir bewusst werden, dass meine eigenen Vorurteile meine Ausgrenzung bewirkt hatten, das war schmerzhaft.

Etwas, was mich am Thema Armut schon immer anwidert, ist der Generalverdacht. Zuerst wird einem immer unterstellt, man sei selbst schuld, zu wenig bemüht, habe Fehler gemacht, wolle betrügen, möchte gar nicht arbeiten, sondern in der sozialen Hängematte liegen. Das ist der erste Blick auf uns. Man hat doch schließlich von diesem Freund des Arbeitskollegen gehört, der einfach nicht arbeiten will und genauso viel bekommt wie man selbst trotz Arbeit. Klar, man kennt immer diesen einen Fall, der dann für alle steht.

Wo bleibt übrigens dieser Generalverdacht, wenn es um Wohlhabende geht? Während Medien oft und gerne über Sozialbetrug berichten, liest man selten von steuerschonenden Praktiken von Reichen, die ihr Einkommen etwa auf ausländische Konten transferieren oder ihr Vermögen in Stiftungen parken, die dem Staat wesentlich mehr Schaden zufügen. Warum wohl? Weil wir immer lieber nach unten treten. Ich erinnere mich an die Debatten rund um eine Erhöhung des Arbeitslosengelds oder das 9-Euro-Ticket in Deutschland. Man könnte meinen, das würde das Ende des Abendlands bedeuten! Man stelle sich vor: Armutsbetroffene, die dadurch ein paar Euro mehr zur Verfügung hätten oder gar mobil wären! Undenkbar.

## Alles Einbildung, alles Ausreden!

Wer arm ist, bekommt von allen möglichen Seiten Ratschläge – die meist gut gemeint, aber das Gegenteil von gut sind, realitätsfremd und oft auch übergriffig. Im Folgenden ein paar Beispiele:

Auf der Beratungsstelle: Die Bearbeitung dauert Wochen, leihen Sie sich inzwischen das Geld von Freund*innen! – Sorry, hab niemanden, von dem ich mir was leihen könnte, abgesehen davon: wie zurückzahlen? – Dann läuft bei Ihnen aber grundlegend etwas falsch. Jeder Mensch hat Freunde, Sie sollten mal darüber nachdenken, ob es nicht doch Ihr eigenes Verhalten ist, weshalb Sie nicht aus der Armut rauskommen!

Bei der Bewerbung: Wir würden Sie ja gerne nehmen, aber dafür müssten Sie zeitlich flexibel sein. – Mit Öffis geht sich das nicht aus, ein Auto ist aber nicht leistbar. – Die paar Euro für ein Leasingauto hat doch jeder Mensch! Sagen Sie einfach, dass Sie gar nicht arbeiten wollen, sondern Ausreden suchen!

Im Gesundheitswesen: „Das *muss* Ihnen Ihre Gesundheit wert sein! Wenn Sie nicht mal die paar Euro für die Physiotherapie aufbringen, dann wollen Sie einfach nichts ändern!" – Ja, so hab ich auch geschaut. Es ging darum, dass ich zwei Bandscheibenvorfälle hatte und mein Ischiasnerv immer wieder eingeklemmt war. Jahrelange falsche Haltung, Arbeit in der Gastronomie und dann vor allem Pflege und zu wenig Selfcare haben meine Bandscheiben leiden lassen. In unserer Umgebung gab es keine einzige Physiopraxis auf Krankenschein. Die nächste, bereits etliche Kilometer entfernt, war nicht mit öffentlichen Verkehrsmitteln erreichbar. Der Selbstbehalt betrug 29 Euro pro Einheit. Inzwischen weiß ich, dass es über die Krankenkasse eine Möglichkeit gegeben hätte, diese Kosten nicht bezahlen zu müssen. Damals wurde mir das Gegenteil gesagt. Einmal pro Woche 29 Euro ausgeben war nicht drin. In die nächstgrößere Stadt zu fahren, in der zwar kein Selbstbehalt, dafür aber für Hin- und Rückfahrt 24 Euro angefallen wären, ebenso wenig. Aber – das waren doch wieder nur Ausreden, oder? Denn wer etwas für die Gesundheit tun will, schafft das! So wurde es mir damals immer und immer wieder eingeredet. Mit dem Ergebnis, dass ich nur noch im äußersten Notfall eine Arztpraxis aufgesucht habe. Physiotherapie war nur eines von mehreren Beispielen, bei denen mir unterstellt wurde, dass ich doch gar nichts ändern möchte. Beschämung im Gesundheitsbereich ist leider noch immer allgegenwärtig.

Dabei ist meine Erfahrung noch harmlos. Es gibt Betroffene, die – sobald klar wird, dass sie in Armut leben und womöglich noch erwerbslos sind – regelrecht erniedrigt werden. Denen mitgeteilt wird, sie würden bewusst lügen und krank spielen, nur um in der sozialen Hängematte liegen zu können. Denen Untersuchungen verweigert werden, mit der Begründung: Ist doch nur psychisch bedingt, arbeiten Sie was, dann geht's Ihnen besser!

Zu viele Ärzt*innen haben noch immer zu wenig Wissen über die Folgen von Armut. Sie macht krank, psychisch und physisch. Einem Betroffenen zu raten, die finanzielle Situation zu verbessern, dann würden auch die psychischen Probleme verschwinden, ist so fernab jeglicher Realität, dass nicht mal mir mehr ein Argument dazu einfällt. Das hängt wieder mit den fehlenden Berührungspunkten und dem Nichtsehenwollen der eigenen Privilegien zusammen. Natürlich kommen Ärzt*innen mit Armutsbetroffenen in Kontakt, aber maximal in den wenigen Minuten der Sprechstunde, zu wenig, um verstehen zu können, wie sich Armut auswirkt.

Bei mir hat es Jahre gedauert, bis mich ein Arzt ernst genommen hat. Bis meine Bandscheiben, meine Schlaflosigkeit und mein Herzrasen behandelt wurden. Vorher meinten Ärzt*innen, alles sei nur eingebildet. Bis sich herausgestellt hat, dass das Leben in Armut Dauerstress verursacht und meinen Adrenalinspiegel erhöht hatte. Es hat mir gezeigt, wie sehr es sich auswirkt, ob man mit beschämenden oder sensibilisierten Ärzt*innen zu tun hat.

## Aufprall in der Realität

Anfang 2014 war es bei uns so weit: Wir konnten zum ersten Mal die Miete nicht mehr zahlen. In dem Monat kam die Wärmekostenabrechnung, und in den letzten Monaten war das bisschen Ersparte, das sonst immer auf dem Konto lag, für diverse Reparaturen oder andere Rechnungen draufgegangen. Es war kein Polster mehr vorhanden. Nichts. In diesem Monat musste ich mir eingestehen, dass uns Armut doch „passiert“ war. Es war der Monat, in dem ich zum ersten Mal zum Handy griff und Sozialberatungsstellen anrief, leider erfolglos. Wie weiter oben ausgeführt, lautete die Auskunft, dass man in unserem Fall leider nichts tun könne.

Langsam sickerte bei mir durch, dass man in diesem Land anscheinend doch in Armut geraten kann. Rückblickend weiß ich, dass es sehr wohl Möglichkeiten gegeben hätte, Unterstützung zu bekommen, aber nur, weil ich mich nun seit Jahren mit der Thematik beschäftige. Fakt ist, dass viele Informationen zu schwer zugänglich sind. Und wer am Beginn dieser Spirale steht, hat keinen Überblick, weder über die Möglichkeiten noch über die rechtliche Seite. Heute würde ich mich nicht mehr abwimmeln lassen. Aber im Nachhinein ist man eben immer klüger.

Als die Stadtwohnung für uns nicht mehr leistbar war, haben wir das Naheliegendste getan und eine günstige Mietwohnung am Land gesucht. Nur vorübergehend. Wie beim Job. Alles nur vorübergehend. Eine Notlösung sozusagen. Es muss doch wieder besser werden. Eine Wohnung war schnell gefunden, in einem Dorf, weitab von öffentlichen Verkehrsmitteln, Schulen, Einkaufs- oder gar Jobmöglichkeiten. Aber sie war leistbar. Also sind wir Mitte 2014 übersiedelt. Das alte Zuhause, inmitten von Freund*innen, mit Öffi vor der Haustür, in der Stadt, mit Spielplätzen, einem See in unmittelbarer

Nähe, mit vielen Familien, mit Kindern im gleichen Alter, mit Veranstaltungen ... Das alles aufzugeben war der erste richtig schmerzhafte Tiefpunkt in meinem Leben. An diesem Tag, an dem wir zum letzten Mal in der Wohnung waren und diese hinter uns abgeschlossen haben, für immer, an dem ich den Kindern ihr Umfeld genommen habe, sie aus ihrer gewohnten Umgebung herausgerissen habe, an diesem Tag ist vieles in mir zu Bruch gegangen. Und es kam zum allerersten Mal das Gefühl auf, versagt zu haben.

Rückblickend – hätte ich damals gewusst, was alles auf uns zukommt, wie viele Nächte mich dieses „Versagensgefühl" kosten wird, wie sehr es jeden Glauben an meine eigenen Fähigkeiten zerstört – bin ich mir nicht sicher, ob nicht an die Stelle der Resilienz, die ich glücklicherweise entwickelt habe, pure Resignation getreten wäre. Jene Resignation, die so viele Armutsbetroffene umhüllt. Die nach außen oft wahrgenommen wird, als hätte man keinen Biss, als wolle man gar nichts gegen die Situation machen.

Vor sechs Jahren habe ich das Wort „armutsbetroffen" nie für uns verwendet. Das sind nicht wir. Nicht in dieser Schublade. Wir kämpfen finanziell, aber wir sind doch nicht arm. Wir sind nicht wie diese Menschen, die man im Fernsehen sieht, wenn es um Armut geht. Nein.

Armut war gefühlt weit weg, obwohl sie unser Alltag war. Armut, das war eine andere Welt. Auch ich habe lange gebraucht, um zu realisieren, dass wir sehr wohl genau in diese Schublade passten. Und noch länger, um es zu akzeptieren. Bis ich offen sagen konnte, „Ja, ich bin armutsbetroffen", war es ein langer Prozess, der von vielen Höhen und Tiefen begleitet war, sehr viel Überwindung gekostet hat, aber auch damit zu tun hatte zu lernen und zu begreifen, was soziale Ungleichheit ist.

Erst ab dem Zeitpunkt, als ich begriff, wie viele Menschen unter der Armutsgrenze leben, wie viele es trifft, wie verbreitet Armut ist und wie sehr sie von fast allen verheimlicht wird, wurde mir bewusst, was hier alles schiefläuft. Betroffene bleiben leise, unsichtbar. Die Stigmatisierung von Armut wirkt so stark, dass sie Millionen von Menschen dazu bringt, nicht über die eigene Situation zu sprechen und lieber alles daranzusetzen, sie zu verheimlichen. Trügerische Hoffnung, Scham, Stigmatisierung, die eigenen Vorurteile, die uns antrainiert wurden, all das trägt dazu bei, dass Armut, obwohl weit verbreitet, nach wie vor ein Randthema ist. Genau das gilt es zu ändern.

# Was schwer zu erklären ist: Leben in Armut

Wenn ich gefragt werde, was das Leben in Armut mit der Familie macht, fällt mir als Erstes ein: Die Kinder äußern keine Wünsche mehr. Sie haben gelernt, dass Wünsche, wie sie ihre Klassenkolleg*innen haben, nicht erfüllbar sind. Sie haben gelernt, ihre Wünsche zu reduzieren, weil sie wissen, dass die Eltern alles versuchen würden, um sie zu erfüllen, nur um sich dann schlecht zu fühlen, weil es eben nicht möglich ist. Manche armutsbetroffenen Kinder meiden Montage in der Schule, indem sie zum Beispiel Bauchschmerzen bekommen. Nicht weil sie sie vortäuschen. Die Schmerzen sind tatsächlich vorhanden, aus Angst, sich von den Mitschüler*innen beschämen lassen zu müssen. Weil es der Tag mit der berühmten Morgenrunde ist und den

Fragen danach, was man am Wochenende unternommen hat. Und wenn man immer nur das Gleiche erzählen kann, vom Waldspaziergang und eventuell einem Spiel zu Hause mit der Familie, wird man irgendwann ausgelacht. Es kommt natürlich darauf an, in welchem Umfeld man lebt. Ist Armut dort verbreitet, stellt das weniger ein Problem dar, lebt man aber in einem eher wohlhabenden Umfeld, kommen früher oder später die ersten Bemerkungen. Und sogar Anrufe von den Pädagoginnen! Denn wie kannst du nur! Du musst doch mehr mit deinen Kindern unternehmen und nicht nur zu Hause herumsitzen! Ja, auch das passiert. Mit viel Glück stößt man auf verständnisvolle Lehrkräfte, mit weniger Glück kann sogar mit dem Jugendamt gedroht werden. Es passiert leider noch immer viel zu oft, dass Armut mit mangelnder Erziehungsfähigkeit verwechselt wird. Wer arm ist, muss doch ein Manko haben, oder?

Ausflüge und Werkbeiträge sind ein Thema, das Betroffene das ganze Jahr hindurch begleitet. Hier sind wir bereits an dem Punkt, an dem Bildung nicht mehr für alle gleich ist. Nicht weil Kinder aus finanziell benachteiligten Familien keinen Unterricht bekommen, sondern weil sie sehr früh lernen, dass gewisse Kosten in ihrer Familie ein Problem sind und Stress verursachen. Weil sie lernen, dass Schule eben nicht kostenlos ist. Weil sie sehen, wie ungleich es sich verhält. Während für Klassenkolleg*innen Geld kein Thema ist, bedeutet für ihre Familie ein Schulausflug, an anderer Stelle massiv einsparen zu müssen. Das belastet die Familie und damit sie selbst. Es nimmt Unbeschwertheit. Kinder sollten frei von solchen Dingen aufwachsen können. Wir sprechen hier nicht von Luxus, sondern davon, dass Schule ein Ort sein soll, der Chancen aufzeigt. Doch leider zeigt er Kindern aus armutsbetroffenen Familien bis heute, wie eingeschränkt die Möglichkeiten sind. Schule zeigt Kindern, dass Teilhabe selbst im Bildungsbereich keineswegs selbstverständlich ist. Je sensibilisierter Schulen und Elternvereine sind, desto weniger belastet diese Ungleichheit die Kinder und Jugendlichen. Doch von einer flächendeckenden Sensibilisierung im Bildungsbereich sind wir noch sehr weit entfernt.

Dabei würde vieles so einfach funktionieren, wäre Schule kostenlos. Wirklich kostenlos. Bis wir das aber erleben werden, sollte zumindest kein Kind mehr die Hürden spüren müssen. Kein Kind sollte den Schulabschluss nicht schaffen, weil kein Geld für Nachhilfe da ist. Kein Kind sollte vor der ganzen Klasse sagen müssen, dass das Geld fehlt. Es geht auch anders. Das zeigen einige Pädagog*innen in einem Versuch, den wir gestartet haben. Alle Kinder in der Klasse erhalten das Formular mit dem Ansuchen um Förderung. Alle Kinder müssen das Formular mit nach Hause nehmen und danach, in einem Kuvert, wieder abgeben. Manche ausgefüllt, manche nicht. Es hat sich gezeigt, dass seit es so gehandhabt wird, wesentlich mehr Eltern um Förderungen ansuchen. Auf Nachfrage, weshalb erst jetzt, bekam ich zur Antwort: „Mein Kind wollte nicht vor der ganzen Klasse aufzeigen, es hat sich zu sehr geschämt.“ Niemand sollte sich schämen müssen, weil das Geld nicht reicht. Doch bis wir so weit sind, könnten wir versuchen, in der Schule, im Elternverein, ja sogar in einer der (heißgeliebten) Eltern-Whatsapp-Gruppen zu sensibilisieren. Jede*r von uns die/der eine Klasse davon überzeugen kann, trägt mehr zur Bekämpfung von Armut und Beschämung bei als die meisten Regierungen es tun.

Armut betrifft natürlich nicht nur die Schule, sondern auch die Freizeit. Während man diese bei kleineren Kindern auch ohne viel Geld ansprechend gestalten kann, ist das bei Jugendlichen nicht mehr möglich.

Eine Twitteruserin schrieb mir einmal, ich solle doch einfach mit den Kindern auf den Spielplatz gehen. Das sei kostenlos und eine tolle Freizeitaktivität für alle. Tja, ich hab dann mal meine Teenagerkinder gefragt, was sie davon halten. Dass ich ziemlich ausgelacht wurde, brauche ich sicher nicht extra zu erwähnen, oder? Wir haben unzählige Stunden auf Spielplätzen verbracht, in der Natur, bei Spaziergängen, in Gratis-Badeteichen. Niemand muss Armutsbetroffenen erklären, welche Möglichkeiten der kostenlosen Freizeitaktivität es gibt, wir kennen sie so ziemlich alle. Der Punkt ist: Kinder werden größer, die Bedürfnisse ändern sich, auch die der Freund*innen. Jugendliche sollten teilhaben können. Und Schaukeln am Spielplatz ist nicht unbedingt das, was mir zu Teilhabe bei jungen Menschen einfällt. Auch ein immer wieder gern gebrachtes Argument von Nichtbetroffenen ist: Wenn Freund*innen auf Aktivitäten bestehen, die etwas kosten, dann muss man sich eben andere Kontakte suchen. Das mag bei Erwachsenen vielleicht noch funktionieren, nicht aber bei Heranwachsenden, deren Kontakte vorwiegend aus dem schulischen Umfeld kommen. Mithalten oder Einzelgänger*in werden: So funktioniert das eben.

Wie groß der Unterschied zum Leben vor der Armut war, konnte ich an meiner großen Tochter sehen, die noch Ausflüge, Kinobesuche oder Urlaube bewusst miterlebt hatte. Sie ließ sich durch die finanzielle Situation weniger erschüttern und hat ihre Freund*innen behalten. Ich sah aber auch, was Armut mit meinen jüngeren Kindern machte, die fast alle Aktivitäten absagen mussten, weil das Geld fehlte, und sich deswegen mit Freundschaften schwertaten. Und während die Große eine gewisse Resilienz entwickelt hat, hat die Jüngste Armut in vollem Ausmaß erlebt, nie etwas anderes erlebt, und kämpft damit, sich in der Gesellschaft zurechtzufinden.

Auch die Partnerschaft leidet unter Armut. Niemand kann jahrelang nur funktionieren und gleichzeitig eine Beziehung am Laufen halten. Bei Armut ist Geld das vorherrschende Thema, das den Alltag bestimmt. Je länger die Armut andauert, desto weniger geht es um Bedürfnisse, schon gar nicht um Wünsche. Man schraubt alles zurück, um zu funktionieren. Viele Betroffene leben nur noch in der Beziehung, weil eine Trennung eine weitere Verschlechterung der finanziellen Situation bedeuten würde.

## Was fehlende Teilhabe anrichtet

Für mich persönlich, vor allem aufgrund der eigenen Erfahrung und aus der Beobachtung meiner Kinder heraus, aber auch weil es längst wissenschaftlich erwiesen ist, ist fehlende Teilhabe einer der Hauptgründe, weshalb wir Armut nur schwer bekämpfen können. Keine Teilhabe zu erleben, so gut wie immer ausgeschlossen zu sein, das hinterlässt Spuren. Man fühlt sich fehl am Platz. Man ist nicht gewollt, maximal geduldet. Es hat mich massiv beeinflusst, aber noch schlimmer sind die Auswirkungen für Kinder, die in Armut aufwachsen und nichts anderes als Exklusion kennen. Armut verhindert Chancen für Kinder.

Armut wird vererbt, ebenso wie Reichtum und Bildung. Der soziale Aufstieg verkommt zunehmend zum Mythos. In Österreich schaffen einen solchen nur etwa 15 Prozent der Kinder aus Haushalten mit niedrigem Einkommen.[14] Für Deutschland hat die OECD errechnet, dass es beim derzeitigen Niveau von Ungleichheit und

Mobilität etwa sechs Generationen (in Österreich fünf)[15] dauern wird, bis die Nachkommen einer Familie vom unteren Ende der Einkommensverteilung das Durchschnittseinkommen erreichen.[16]

Der Armuts- und Reichtumsbericht, den die deutsche Bundesregierung in Auftrag gegeben hat, zeigt außerdem, dass der Anteil der Personen, die sich jeweils stabil in der untersten oder obersten sozialen Lage befinden, kontinuierlich zugenommen hat. Diese Entwicklung geht mit dem fortwährenden leichten Anstieg der Niedrigeinkommensquote einher. Während in den oberen sozialen Lagen große Stabilität herrscht und es Personen in mittleren sozialen Lagen vielfach weiterhin gelingt aufzusteigen, sind die Aufstiegschancen für Personen aus den unteren sozialen Lagen kontinuierlich gesunken.[17]

Auch Berufs- sowie Bildungschancen hängen stark von der Herkunftsfamilie ab. 42 Prozent der Kinder von geringverdienenden Vätern haben selbst einen niedrigen Verdienst, nur 9 Prozent von ihnen gelangen in die höchste Verdienstgruppe. Über die Hälfte der Kinder in Deutschland, deren Eltern einen Universitätsabschluss haben, erreichen selbst einen. Anders sieht es bei Kindern von Eltern mit geringerer Bildung aus: Nur 11 Prozent von ihnen erreichen einen Uni-Abschluss.[18] In Österreich wird Bildung besonders stark vererbt: Rund 80 Prozent der Kinder aus Akademiker:innen-Haushalten machen die Matura, bei Nicht-Akademiker:innen-Haushalten sind es nur 37 Prozent.[19]

Die schlechteren Chancen beginnen schon bei der Geburt: Kinder aus armutsbetroffenen Familien haben im Durchschnitt ein geringeres Geburtsgewicht. Sie sind öfter von Herzrhythmusstörungen und psychischen Erkrankungen betroffen und haben ein schwächeres Immunsystem. Ihre Ernährung ist schlechter, da sie häufig vor allem billige Kohlenhydrate zu essen bekommen, was nicht nur ungesund, sondern auch schlecht für die Figur ist und sie so oft auch noch Bodyshaming aussetzt. Armutsbetroffene Menschen gehen weniger oft und weniger schnell zum Arzt: aus Angst vor möglichen zusätzlichen Kosten sowie wegen bereits erlebten Beschämungserfahrungen. All das führt dazu, dass Armutsbetroffene eine um zehn Jahre geringere Lebenserwartung haben als der Durchschnitt.

Zum Selbstschutz versucht man oft, Armut zu romantisieren oder Beschämung herunterzuspielen. „Meine Kinder haben gelernt, mit wenig auszukommen, haben fürs Leben gelernt", redet man sich ein. Oder auch: „Wer das übersteht, ist abgehärtet." Nein, nichts daran hilft im weiteren Leben. An Armut ist nichts schön oder romantisch, und Sparen lernen kann man nur, wenn etwas da ist, was man einsparen kann! Doch irgendwann hat man nichts mehr, was man weglassen kann. Keine Abos, kein Auto, keinen Friseurbesuch, keine regelmäßigen Treffen im Café, kein Fitnessstudio. Am Ende bleiben nur die Lebensmittel. Auch „härtet“ Armut nicht ab, im Gegenteil. Sie beschämt und lässt einen glauben, dass man weniger wert ist als andere. Und dieses Gefühl prägt einen für das ganze Leben.

## Du bist arm? Dann gib 180 Prozent!

Ich muss immer wieder an die Unterhaltung mit einer Frau denken, die seit Jahren am absoluten Belastungslimit gelebt hat und der festen Überzeugung war, ein Fehler dürfe einfach nicht passieren. Ihr ganzer Alltag besteht darin, Fehler zu vermeiden. Nun stellt euch vor, euer gesamter Tag besteht daraus, alles so zu planen und vorzubereiten, um jeden auch nur erdenklichen Fehler zu vermeiden. Sei es das Ticket zu Hause vergessen, eine Rechnung übersehen und dadurch Mahngebühren zahlen zu müssen.

Diese Frau ist felsenfest davon überzeugt, dass sich alle, wirklich alle Fehler vermeiden lassen. Ein Unfall? Niemals. Darf in ihrer Welt nicht geschehen. Also muss man so vorsichtig und vorausschauend wie möglich fahren. In die Radarfalle geraten? Darf nicht passieren. Eine kaputte Waschmaschine wegen Verkalkung? Darf nicht passieren. Die Kinder ruinieren beim Spielen ihren Schianzug? Darf nicht sein, so wild dürfen sie nicht spielen. Das gesamte Leben dieser Frau besteht aus Vermeidung.

Natürlich ist ihr Verhalten ein extremes Beispiel, aber bei weitem kein Einzelfall. Es zeigt, wie stark die Angst vor unvorhergesehenen, nicht stemmbaren Kosten das Leben beeinflusst. Alles, was man nicht planen kann, darf nicht sein.

Dabei haben Armutsbetroffene unglaubliche Fähigkeiten: Ihr Alltag besteht Woche für Woche, Monat für Monat, Jahr für Jahr, aus Improvisieren, Funktionieren, Sorgenbewältigen, Lösungen für die nächsten finanziellen Hürden suchen. Doch selbst wenn man trotz aller Hürden die Projektwoche für die Kinder finanziert hat, der Familie jeden Tag trotz Minibudget Essen auf den Tisch stellt, es geschafft hat, das Budget so umzuschichten, dass die erhöhte Teilzahlung der Heizung abgebucht werden kann, bleibt die Belohnung dafür aus. Was bleibt, sind Zermürbung, Angst, Schlaflosigkeit und gesundheitliche Folgen.

All die Menschen, die ich in den vergangenen Jahren kennenlernen durfte, haben eines gemeinsam: Sie sind unglaublich fähig, aber genauso verunsichert, und schaffen es nicht, die eigenen Kompetenzen zu erkennen. Da gibt es die Mutter eines hochgradig pflegebedürftigen Kindes, die neben dessen Pflege ein Studium begonnen hat, da arbeiten nicht möglich war. Nicht mal Teilzeit. Die sich über Jahre von den Bearbeiter*innen der Jobcenter an den Kopf werfen lassen musste, sie solle das Kind doch endlich in ein Pflegeheim geben, damit sie dem Arbeitsmarkt wieder zur Verfügung stünde. Ganz abgesehen von der irrwitzigen Argumentation (ein Platz im Pflegeheim kostet den Staat wesentlich mehr als die Unterstützung der Mutter, wenn sie ihr Kind zu Hause pflegt) ist es erschütternd, wie mit Menschen umgegangen wird. Diese Frau hat sich in all den Jahren ein unglaubliches Wissen im Bereich Pflege angeeignet, managt Haushalt, Pflege und Studium – und muss sich „nebenbei" noch mit den Beschämungen von Behördenvertreter*innen herumschlagen. Ausnahme? Leider nein. Sie ist nur ein Fall von Tausenden.

Als Armutsbetroffene*r wird man nicht mehr als Mensch gesehen, nur noch als Kostenfaktor. Und dementsprechend behandelt. Leider haben die Ämter bei dieser Mutter „gewonnen". Sie hat schlussendlich den Sohn in ein Pflegeheim gegeben und sitzt nun in Teilzeit an einer Supermarktkasse. Und muss nun wieder regelmäßig zum Jobcenter, um aufzustocken. Es gibt nämlich in der gesamten Umgebung keine Vollzeitjobs. Irgendwann war sie selbst davon überzeugt, sich damit einfach überschätzt zu haben. Doch das hat sie nicht. Sie war auf einem guten Weg. Ihr wurde nur der Glaube an sich selbst genommen.

Von Armutsbetroffenen wird immer verlangt, das Beste zu geben, also 180 Prozent. Diesen Anspruch an mich selbst habe ich auch irgendwann übernommen. Nur wisst ihr was? Es geht sich nicht aus. Nicht in einem

Leben *ohne* Existenzängste und schon gar nicht *mit* der Belastung der finanziellen Angst. Es gibt nämlich keine Möglichkeit, sich zu erholen, Kraft zu tanken. Auch Entspannen ist nicht drin. Doch genau das ist so wichtig, um volle Leistung erbringen zu können. Mich hat genau das Fehlen von Erholung, von Entspannung an den Rand der Belastbarkeit gebracht. Das wiederum bedeutet, nur noch zu funktionieren und wenig bis keine Alternativen sehen und wahrnehmen zu können. Ihr seht, wir drehen uns im Kreis und somit noch weiter in die Spirale, die abwärts geht.

Es bringt übrigens auch absolut nichts, Menschen in Armut zu sagen, sie bräuchten doch keine Entspannung oder Abwechslung, da sie immerhin nichts tun würden! Das ist einer der perfidesten Sätze, die mir je entgegengebracht wurden. Abgesehen davon, dass viele Betroffene sehr wohl einer Erwerbsarbeit nachgehen, andere krank sind oder Care-Arbeit leisten – jeder Mensch braucht eine Auszeit.

Heimat finden, zu Hause ankommen, auch das ist etwas, was vielen Betroffenen fehlt. Mir genauso. Umziehen, weil die Miete zu teuer wird, umziehen, weil die günstigere Wohnung voller Schimmel ist ... von einer Wohnung in die andere. Oft auch von einem Ort zum anderen. Ich bin nirgends zuhause, meine Kinder ebenso wenig. Nein, es geht nicht darum, ein Häuschen zu besitzen, sondern in einem Umfeld sesshaft zu werden, in dem man sich wohlfühlt. Zu oft hat sich unsere Wohnsituation geändert, und heute glaube ich einfach nicht mehr daran. Ich glaube nicht mehr daran, irgendwo noch eine Heimat zu finden, einfach weil die Angst nach wie vor tief drinsteckt, doch wieder ausziehen zu müssen, sobald sich auch nur ein oder zwei Umstände ändern.

# Was nicht selbstverständlich ist: Der Weg aus der Armut

Im Jahr 2017 waren wir dem Vermieter noch die Betriebskostenabrechnung schuldig. Nicht die Miete, sondern die Betriebskosten für eine Wohnung, die so schlecht isoliert war, dass wir im Winter im Schlafzimmer oft nicht mehr als 11 Grad hatten. Eine Wohnung, in der sich im Zimmer der lungenkranken Tochter Schimmel verbreitet hatte. Wir wollten schon lange wieder dort heraus, aber wie, ohne Geld für die Kaution?

An einem Tag im Sommer war ich zum allerersten und einzigen Mal mit den Kindern im örtlichen Freibad, Familienpreis 4,20 Euro. Am Abend kamen wir müde, aber glücklich vom Tag im Freibad nach Hause. Und wie es in einem Dorf so ist, sitzen an schönen Tagen fast alle Nachbar*innen versammelt im Freien. Also vorbei an ihnen. Ich war schon länger nicht sehr darauf erpicht, in eine Konversation verwickelt zu werden, weil es meistens in Ratschlägen endete, wie wir sparen könnten. Ungebeten. Unaufgefordert. Denn sobald du arm bist, fühlen sich viele anscheinend dazu bemüßigt, dir das Leben erklären zu müssen. Selbst wenn du mit Summen den Wocheneinkauf machst, die sie selbst für einen Tag benötigen. Aber gut. Ich war es gewohnt. Also schnell vorbei. Schnell rein in die Wohnung. Doch an diesem Tag lief es anders. Der Vermieter schnitt mir den Weg ab und stellte mich vor versammelter Nachbarschaft zur Rede. Wo ich gewesen sei?

Mal abgesehen davon, dass ich mich heute nicht mehr rechtfertigen würde: Wer gibt anderen das Recht dazu, bestimmen zu wollen, was man machen darf und was nicht? Aber zu dem Zeitpunkt war ich zu perplex und voller Unsicherheit, also habe ich geantwortet, dass wir vom Freibad kommen. Daraufhin startete er eine Tirade: Was ich mir erlauben würde, das Geld beim Fenster hinauszuschmeißen, wenn doch noch die Miete offen wäre (was nicht stimmte, es war die Betriebskosten-Nachzahlung und nicht die Miete, aber das war zu dem Zeitpunkt schon egal, ich konnte nicht mehr diskutieren oder mich irgendwie rechtfertigen)! Vor den Kindern. Vor versammelter Nachbarschaft. Die sich allesamt darüber lustig machten (einige von ihnen hatten schon die Monate zuvor gezeigt, dass sie ihr Ego stärken, indem sie sich über andere erhöhen). Das war zu viel. Nach all den Beschämungserfahrungen der vergangenen Jahre war es zu viel.

Endlich in der Wohnung, habe ich mich zuerst gefühlt, als würde sich der Boden unter meinen Füßen öffnen. Das Loch, in dem wir seit Jahren waren, aus dem wir aber trotzdem immer wieder den Boden erblicken konnten, wurde plötzlich noch tiefer. Es war einer der demütigendsten Momente meines Lebens. Und mein erster Gedanke war: Er hat ja recht. Wie kann ich Geld ausgeben, wenn ich Schulden habe? Wie kann ich mir anmaßen, den Kindern einen Tag Freude zu schenken, wenn ich sparen müsste? Ja, so tief war ich drin. Man muss sich das mal vorstellen – du erniedrigst dich selbst, weil du deinen Kindern eine Freude gemacht hast. Es war normal für mich. Es war Normalität, auf nichts ein Recht zu haben, weder auf Teilhabe noch auf Ablenkung noch auf Freude. Wer arm ist, hat keine Freude zu haben. So weit hatte mich die Beschämung gebracht.

Doch irgendetwas an diesem Abend verlief anders. Ich wollte und konnte es nicht mehr hinnehmen. Aber zum Vermieter zu gehen und ihm meine Gefühle ins Gesicht zu sagen, dazu fehlte mir der Mut.

Ich sah für mich nur noch zwei Möglichkeiten: entweder komplett zu resignieren, den letzten Funken Kampfgeist aufgeben, oder aber ein Ventil finden, um die Verletzung herausschreien zu können.

## Ein Tweet, der alles verändert

Warum es Twitter wurde, weiß ich bis heute nicht. Wahrscheinlich weil dort niemand war, den ich kannte. Zu verschriftlichen, wie sehr mich diese und alle vorangegangenen Beschämungen verletzt hatten, was es mit mir gemacht hat, welch unsicherer Mensch ich dadurch geworden bin und ob man sich all dies wirklich gefallen lassen müsste, nur weil man armutsbetroffen ist, hat in erster Linie mir selbst geholfen. Endlich nicht mehr einfach hinnehmen und weiterfunktionieren, weiterlächeln, als wäre nichts.

Eigentlich hatte ich fest vor, meinen Account am selben Abend wieder zu deaktivieren. Warum? Aufgrund der Erfahrungen der letzten Jahre im eigenen Umfeld konnte ich mir nicht vorstellen, eine andere Reaktion als beschämende Kommentare sowie haufenweise Ratschläge zu bekommen.

Doch was dann geschah, hatte ich nicht erwartet: Betroffene, die entweder unter meinen Tweet kommentierten oder mir Direktnachrichten schrieben. Weil sie solche Situationen immer und immer wieder erlebten und froh waren, endlich auch von jemand anderem zu lesen, wie schlimm diese Erfahrungen sind. Die – genau wie ich – dachten, nur sie würden so empfinden, und es auch nie gewagt haben, offen darüber zu reden. Aber auch Nichtbetroffene, die sich bewusst geworden sind, Armut noch nie von dieser Seite gesehen zu haben.

Die Armut bisher rein als finanziellen Mangel betrachtet hatten, jedoch nun die Folgen von Stigmatisierung direkt und klar vor Augen geführt bekamen.

An diesem Abend war ich überwältigt. Traurig, weil mir bewusst wurde, wie wenig wir eigentlich über die ganze Thematik wissen, aber gleichzeitig glücklich, endlich zu wissen: Ich bin nicht allein damit! Irgendwie gelang es mir ab da immer wieder, die Auswirkungen von Beschämung in diese Tweets zu packen, und das sogar verständlich. Die Follower*innen wurden mehr, die Tweets zirkulierten. Dadurch stieg nicht nur meine Sichtbarkeit, sondern auch die Interaktionen nahmen zu. Und schon nach kurzer Zeit ergaben sich die ersten Kontakte mit wundervollen Menschen, die mich bis heute begleiten, und von denen manche inzwischen zur Familie gehören.

Natürlich stieg mit der Sichtbarkeit auch die Zahl der Hasskommentare. Von harmlosen Dingen wie „Schmarotzerin“ bis hin zu „für Leute wie dich gab's früher Arbeitslager, damals war nicht alles schlecht“ und „deine Kinder wären besser nie geboren worden“, war alles dabei. Manche Hassposter*innen rechtfertigten sich mit: „Ist doch verständlich, wenn sich durch Ihre Aussagen hart Arbeitende provoziert fühlen.“ Really?! Aus solchen und ähnlichen Aussagen musste ich auf die harte Tour lernen, dass über Armut, strukturelle Probleme und Stigmatisierung zu sprechen von manchen anscheinend als Provokation gesehen wird und für sie somit Hass rechtfertigt. Doch es gab einen Unterschied zu früher: Ich war damit nicht allein. Ich hatte immer Follower*innen, die mir zur Seite standen und mich entweder bestärkten oder diesen Beschämer*innen die Meinung sagten. Das hatte ich bisher außerhalb des Internets noch nie erlebt: Menschen, die sich vor, neben und hinter mich stellten. Es fällt mir bis heute schwer, dieses Gefühl richtig einzuordnen. Erleichterung trifft es am ehesten. Erleichterung erstens darüber, nicht mehr alleine zu sein, und zweitens zu merken: Ich habe mir das alles nicht eingebildet, war nicht einfach nur zu sensibel, sondern die Erfahrungen mit Armut und Beschämung sind real.

Hin und wieder gerät man auf Twitter auch mal in einen sogenannten Shitstorm. So positive Effekte Social Media haben kann, das bringt einen ans Limit. Nicht nur einmal war ich am Überlegen, alles hinzuschmeißen, den Account zu löschen und einfach anderen die Aufklärung und Sensibilisierung zu überlassen. Doch es gibt einfach wundervolle Menschen. Solche, die dir Zuspruch geben, dich bestärken, und solche, die dich sogar brauchen. Und dir das auch sagen. Das ist übrigens eines der wichtigsten Dinge überhaupt: einander zu sagen, wenn man das Gegenüber braucht! Einander offen und ehrlich sagen, dass der Austausch gut tut, auch wenn man nicht immer einer Meinung ist. Sich eingestehen, dass nicht nur die eigene Bubble, die einem den Bauch pinselt, gut tut, sondern auch und vor allem jene, die einen zwingen, seine Komfortzone zu verlassen und über vieles neu nachdenken müssen. Neid, Missgunst oder Hass hat sowas noch nie bewirkt, wohl aber gute, ernsthafte und ehrliche Debatten mit Menschen, die selbst fähig sind dazuzulernen, und die auch mir gezeigt haben, wo ich noch sehr viel lernen und verstehen muss. Das ist der eigentliche Sinn von Social Media.

## Nichts, wofür man sich schämen muss!

Mein Weg an die Öffentlichkeit hat vor allem auch eines bewirkt: die Wandlung von der @grauemaus zu Frau Sonnenschein aka @danibrodesser. War ich die erste Zeit nur anonym auf Twitter und wirklich davon überzeugt, eine graue Maus zu sein, unbedeutend, unscheinbar, klein, so gab es immer öfter Feedback, dass diese Zuschreibung nicht mehr der Realität entsprechen würde. Es hat Monate gedauert, bis ich das akzeptieren konnte. Auch das ist eine der Folgen von Armut: Du machst dich kleiner, als du bist. Das zieht sich übrigens bis heute durch und beschert mir vor jeder Veranstaltung schlaflose Nächte, weil – wer bin ich schon! Ein Mensch, der seit der ersten Stunde an meiner Seite war, der mich durch unzählige Telefonate aufgebaut und gestärkt hatte, sagte eines Tages zu mir: „Liebes, du bist keine graue Maus! Du bist mein Sonnenschein und der von vielen. Du zeigst den Menschen, dass Armut kein Grund ist, sich zu schämen. Schämen sollten sich jene, die dafür verantwortlich sind, die die bewussten Entscheidungen treffen, Betroffene zu stigmatisieren und mit fadenscheinigen Gründen Armut künstlich aufrechterhalten. Aber nicht du. Bitte denk darüber nach!"

Ich habe dieses Gespräch bis heute nicht vergessen, weil es eines der aufbauendsten war, die ich je erlebt habe. Und weil es nach dem ersten Schritt an die Öffentlichkeit nun der nächste war: mir bewusst werden, wie sehr ich mich verändert hatte, und vor allem: nicht mehr anonym bleiben. Denn wie kann ich verlangen, dass Menschen nicht mehr über die Beschämung schweigen, dass sie die Scham ablegen, wenn nicht mal ich den Mut habe, mit meinem Klarnamen dafür einzustehen? So wurde ich auf Twitter zu „Frau Sonnenschein", zusätzlich war mein voller Name zu sehen. Es war kein Schritt, den man so einfach macht, von einem Tag auf den anderen. Auch weil meine ganze Familie damit ja an die Öffentlichkeit kam. Alle, die es wissen wollten, konnten ab nun sehen, dass meine Kinder in Armut aufgewachsen sind.

Zu Beginn hat mir das Angst gemacht. Wie würde das Umfeld reagieren? Wie andere Eltern? Wie Klassenkolleg*innen oder Pädagog*innen? Überraschenderweise sehr gut. Es kam wesentlich öfter zu interessanten Gesprächen, ich wurde plötzlich ernst genommen, vor allem nachdem die ersten Artikel in verschiedenen Medien erschienen sind und meine Kolumne im *Moment Magazin* an den Start ging. Ich war plötzlich nicht mehr die Arme, die nur Ausreden sucht. Es wurde nachgefragt, zugehört. Ja, das war anstrengend. Und ich habe keinen Überblick mehr, wie oft ich in den letzten Jahren unsere Geschichte erzählt habe. Aber bis auf einige, die einfach beschämen wollen, um sich über andere zu erhöhen (weil sie anscheinend sonst nichts im Leben haben) waren die Reaktionen durchwegs positiv. Und es hat viele neue Wege eröffnet. Denn plötzlich war es auch möglich, mit Schulen über Probleme bei Finanzierungen zu reden und Lösungen aufzuzeigen, wie es beschämungsfrei funktionieren könnte. Es war möglich, bei Bewerbungsgesprächen klipp und klar zu sagen, weshalb dies und jenes nicht möglich ist, weshalb ein Auto einfach nicht drin ist. Und durch meine veränderte Selbstsicherheit, durch das geänderte Auftreten, dadurch, dass mir bewusst war, dass Armut keine Frage von Versagen ist, wurde ich ganz anders wahrgenommen. Dieses Selbstverständnis wünsche ich allen Betroffenen. Diese Leichtigkeit, über die eigene Situation reden zu können, ohne sich beschämt zu fühlen. Nicht aus dem Gefühl heraus, sich „outen" zu müssen, sondern weil man es einfach gern tut. Weil es eben nichts zu schämen gibt.

Meine Kinder gehen heute mit dem Thema selbstverständlich um, sprechen es unter Freund*innen und Arbeitskolleg*innen an, als wäre es das Normalste der Welt. Was es ja auch sein sollte, aber halt noch lange nicht ist. Ohne die Akzeptanz meiner Familie und ohne den Rückhalt hätte ich die Anonymität nie aufgegeben und würde heute kein Buch schreiben. Wahrscheinlich würde ich für irgendeine Firma im Homeoffice arbeiten, und wir würden nach wie vor unter der Armutsgrenze leben. Mein Weg zeigt, wie viel Glück nötig ist, um herauszukommen.

Nach nur wenigen Monaten auf Twitter wurde ich zum ersten Mal zu einer Veranstaltung eingeladen, einer Lesung. Und auch wenn ich mich unglaublich darüber freute, machte mir der Gedanke Angst. Die erste Hürde waren die Fahrtkosten, die zweite war ich selbst. Andere Menschen außerhalb des Internets treffen? Womöglich mit ihnen reden? Und das, während dort um die hundert weitere Menschen vor Ort sind? Da kam wieder die graue Maus hervor. Voller Unsicherheit. Aber obwohl ich inzwischen auf Twitter viel über Stigmatisierungen schrieb: Offen diese eine, aktuelle Situation und die damit verbundene Angst ansprechen, das konnte ich noch nicht. Aber auch ohne direktes Ansprechen haben einige Follower*innen meine Ängste bemerkt und mich darauf angesprochen. Mich gefragt, was es bräuchte, damit ich diesen Abend genießen könnte. Und wisst ihr was –

diese Frage hat mir sehr viel Unsicherheit genommen. Da kam kein „Die paar Euro für die Fahrtkosten wirst doch sicher auftreiben können“ oder „Stell dich nicht so an, sondern sei froh, dort teilnehmen zu dürfen“. Nein, im Gegenteil, ich erlebte zum ersten Mal wirklich, wie sensibilisierter Umgang mit Armutsbetroffenen funktionieren kann, wie man Ängste und Sorgen nehmen kann, und ich bin bis heute so unendlich dankbar dafür!

Eine Woche vor dem Muttertag im Jahr 2018 wurde ich gefragt, ob ich eine Rede vor dem Bundeskanzleramt halten könnte. Ich. In Wien. Vor Menschen. In der Öffentlichkeit. Never! Bisher hatte ich getwittert. Buchstaben ins Netz ballern ist das eine, aber vor Menschen stehen war zu dem Zeitpunkt unvorstellbar. Anlass für diese Rede war, dass die Menschenrechtsorganisation SOS Mitmensch für eine Aktion das Bundeskanzleramt durch ein Schild in „Armutskanzleramt“ umbenannt hatte, um ein Zeichen gegen die Armutsverschärfungspolitik der damaligen schwarz-blauen Bundesregierung zu setzen. Ich war sehr nervös, als ich auf die Bühne trat und las stockend meinen vorbereiteten Text vor. Der Applaus war überwältigend.

## Das Märchen von der sozialen Mobilität

Über Twitter kam ich auch an meinen ersten Job. Jemand wurde durch meine Tweets auf mich aufmerksam, hat mitbekommen, was die Gründe für unsere

Armut waren, und mich eines Tages gefragt, ob ich mich für die Stelle einer Assistentin bewerben möchte. Ich hatte absolut keine Hoffnung, denn es gab genug Bewerber*innen – aber ich bekam die Stelle. Und war im Monat darauf zum ersten Mal seit Jahren über der Armutsgefährdungsgrenze. Wer nicht selbst jahrelang darunter leben musste, kann dieses Gefühl der Erleichterung gar nicht nachvollziehen. Es war einer dieser Tage, die ich niemals vergessen werde. Ich bin diesem Menschen bis heute dankbar, auch wenn wir inzwischen nicht mehr zusammenarbeiten. Er hat den Grundstein für so vieles gelegt. Ich würde mir mehr Menschen wie ihn in Führungspositionen wünschen. Menschen, die weiter blicken als an die Oberfläche. Die hinterfragen, aber auf Augenhöhe und ohne Vorurteil. Von ihnen gibt es viel zu wenige.

Wir waren, obwohl dann über der Armutsgefährdungsschwelle, weit davon entfernt, uns plötzlich unerwartete Ausgaben leisten zu können. Aber Fixkosten, Lebensmittel und mal 7 Euro hier oder 5 Euro dort für die Schule waren kein Grund mehr für schlaflose Nächte. Es war noch lange kein Durchatmen (das kann ich übrigens bis heute nicht, vor allem weil ich weiß, wie schnell man in Armut geraten kann, sobald sich gewisse Umstände ändern), aber ein ganz leichtes, leises Aufatmen.

So haben wir es also aus der Armut herausgeschafft, doch meine Geschichte ist eine Ausnahme. Leider!

Es macht mich wütend, dass der Weg aus der Armut etwas ist, was den meisten vorenthalten bleiben wird. Wer in Armut aufwächst, bleibt zumeist darin. Soziale Mobilität gibt es kaum. Die Mär von „hart erkämpft" ist genau das: ein Märchen. Etwas, was nur einige wenige schaffen – wenn alle Voraussetzungen stimmen.

Um sozialen Aufstieg flächendeckend ermöglichen zu können, müssten wir an einigen Schrauben drehen: Bildung, Vereinbarkeit von Beruf und Familie, weg vom traditionellen Rollenbild: Denn es kann nicht sein, dass Alleinerziehende, vorwiegend Frauen, wegen einer Trennung in Armut geraten. Es kann noch weniger sein, dass Frauen deshalb in Beziehungen bleiben, die toxisch sind oder in der sie physische oder psychische Gewalt erfahren. Und es darf nicht sein, dass ihnen dann noch die Schuld umgehängt wird. Sich in unserer weitgehend immer noch sehr konservativen Gesellschaft „richtig" zu verhalten, ist gar nicht einfach. Bekommt man ein Kind, ohne finanziell gut versorgt zu sein, muss man sehen, wie man damit zurechtkommt. Selbst schuld! Dann lieber abtreiben? Oh Gott, keinesfalls! Kinderbetreuung ausbauen? Na ja, eh, aber Kinder brauchen halt schon auch ihre Mamas zu Hause. Die Mamas bleiben beim Kind zu Hause und sind nach einer Trennung oder im Alter armutsbetroffen? Hätten sie halt was gearbeitet!

Und wenn eine „traditionelle" Familie doch in Armut geraten sollte, dann ist sie wieder mal ein „bedauernswertes Einzelschicksal", über die aber hinter vorgehaltener Hand getuschelt wird. Denn irgendwas muss ja falsch gelaufen sein ...

Wir müssen von diesen Vorurteilen wegkommen und vor allem weg von diesem „Almosendenken"! Wer krank ist, wer pflegt, wer betreut, sollte nicht auf Almosen angewiesen sein und endlich das Recht auf ein menschenwürdiges Dasein haben und nicht nur „überleben" – denn mehr ist mit dem wenigen, was man bekommt, nicht drin. Es braucht aber auch wesentlich mehr Bestärkung, eine Unterstützung der Betroffenen, damit sie ihre eigenen Fähigkeiten wieder sehen können, damit sie aus der Isolation gelangen. Das alles wäre mit etwas politischem Willen machbar!

Es braucht mehr Zeit für Beratungsgespräche (dafür wäre natürlich mehr Personal sowohl beim Arbeitsmarktservice als auch bei Beratungsstellen notwendig). Zehn Minuten sind viel zu wenig, um herauszufinden, welche Fähigkeiten und Stärken jemand hat. Ebenso wäre vor allem mehr armutssensibles Personal notwendig, denn wer privilegiert aufgewachsen ist, kann sich in den seltensten Fällen in die Situation von Betroffenen hineinfühlen, kann viele der Hürden und Probleme nicht nachvollziehen. Etwas ausdrucken? Kann doch bitte kein Problem sein! Zu einem Termin erscheinen? Bitte, die paar Euro für die Bahn muss man doch haben! Wir brauchen Menschen in solchen Positionen, die sensibilisiert sind oder selbst Armuts- und Beschämungserfahrung haben. Nur so wird eine Kommunikation auf Augenhöhe funktionieren, und nur so kann man ein Problem nach dem anderen gemeinsam lösen. Betroffene brauchen auch das Gefühl, wahr- und ernstgenommen zu werden. Es braucht auch Zeit, bis man lernt, Hilfe anzunehmen, Bestärkung erfahren und akzeptieren zu können.

## Was wirklich notwendig ist

Was können Armutsbetroffene, solange die strukturellen Probleme nicht gelöst sind, tun, um ihre Situation zu verbessern? Sich vernetzen! Sich mit anderen austauschen und sehen, dass Armut viele trifft. Es klingt banal, doch allein das Wissen, nicht alleine damit zu sein, hilft. Es ändert nicht das Leben, bringt nicht mehr Budget, aber es nimmt einen gewissen Druck, der auf uns lastet. Dieses Gefühl „nur ich schaffe das nicht, nur ich versage" wird weniger allmächtig. Je mehr Menschen sich vernetzen, desto mehr Bewusstsein entsteht darüber, dass Armut ein strukturelles Problem ist. Und desto weniger funktioniert Beschämung. Genau da müssen wir hin: uns nicht mehr beschämen zu lassen.

Vernetzung hilft auch dabei zu erfahren, welche Sozialleistungen einem zustehen und welche Hilfsangebote es noch gibt. Wie bereits erwähnt, ist es nicht gerade einfach, sich im Dschungel an unterschiedlichen

Regelungen und widersprüchlich erscheinenden Informationen zurechtzufinden. Wenn man die Information bekommt, dass einem leider nichts zustehe, kann ich aus eigener Erfahrung nur dazu raten, das zu hinterfragen und erst einmal selbst zu recherchieren. Einen guten Ausgangspunkt bietet die Seite https://www.sozialleistungen.at. Es kann auch helfen, eine zweite Meinung von einer anderen Sozialberatungsstelle einzuholen – und natürlich, sich mit Betroffenen in ähnlichen Situationen auszutauschen.

Solange aber noch Vorurteile vorherrschen, werde ich niemals von Betroffenen verlangen, sich zu outen. Denn offen zur Armut zu stehen, bringt leider noch immer massive Nachteile mit sich, mit denen man erst zurechtkommen muss. Ohne Rückhalt, ohne Bestärkung und ohne Netzwerk ist das nicht machbar. Aber es gibt inzwischen einige Gruppen von Armutsbetroffenen, es gibt den Hashtag #IchBinArmutsbetroffen. Vorwiegend findet diese Vernetzung online statt, aber es gibt auch immer wieder Aktionen in Städten. Viele jener, die sich dort engagieren, waren noch vor zwei Jahren leise, beschämt. Heute stehen sie dort und halten Reden. Oder klären online auf, erzählen ihre Geschichten und fordern lautstark einen menschenwürdigen Umgang mit uns ein. Und ein Leben ohne Armut. Zu Recht!

Besonders hart trifft es mich, wenn arm gegen ärmer hetzt. Debatten darüber, wer noch günstiger kochen kann, wer noch sparsamer lebt ... Es gibt Tage, da scrollt man über gewisse Kommentare drüber. Und andere, an denen sie dich sprachlos zurücklassen. Ein Armutsbetroffener postet das Foto eines Fertiggerichts, dessen Preis innerhalb von wenigen Tagen von 89 Cent auf 1,49 Euro gestiegen ist. In dem Moment ist mir schon bewusst, welche Kommentare ich lesen werde, und alles daran, einfach alles, macht müde. Von „selber kochen ist günstiger und gesünder" über „Aber in meinem Supermarkt gibt's dies und jenes wesentlich billiger, also lügst du" bis hin zu „ist doch klar, dass du arm bist, wenn du so ein Fertigzeugs isst, anstatt günstig selbst zu kochen". Am liebsten würde ich jedes Mal dazuschreiben: „Leute, lest ihr selbst, was ihr schreibt? Merkt ihr, wie sehr ihr nach unten nivelliert, anstatt anzuerkennen, dass 1,49 Euro für eine warme Mahlzeit eigentlich kein Thema sein sollten?" Aber inzwischen lasse ich es. Es bringt nichts. Denn jene, die solche Kommentare von sich geben, wollen es nicht sehen. Es wird tatsächlich stundenlang diskutiert, weshalb 1,49 Euro für ein Fertiggericht auszugeben in Ordnung ist. Nicht wegen des Preises, sondern weil es „Luxus" für Armutsbetroffene sei.

Es sind Diskussionen, die unwürdig sind. Unnötig. Aber sie zeigen, was uns zugestanden wird und was von uns verlangt wird. Wenn du nicht tagtäglich darauf achtest, den allerbilligsten Weg zu suchen – zack, bist du eine, die „nicht sparen kann und nicht sparen will". Ein Euro fünfzig!

Was können Nichtbetroffene tun, wenn sie merken, dass jemand unter der Armutsgrenze lebt? Zuhören, lernen, wahrnehmen und vor allem: ernst nehmen. Nicht relativieren. Nicht die Expertise absprechen, denn Armutsbetroffene wissen ganz genau, was sie brauchen. Vorurteile erkennen und reflektieren. Die eigene Sprache überdenken und sich von Betroffenen auch sagen lassen, warum gewisse Aussagen beschämend sind. Nicht relativieren. Laut werden für Betroffene, die keine Kraft dafür haben. Unterstützen. Aufklären. Beschämer*innen Widerrede bieten. Nicht alles unkommentiert lassen. Vorschläge übernehmen und hinaustragen. Ihr erlebt beschämende Dinge in der Klasse eurer Kinder? Sprecht sie an. Redet darüber. Macht Vorschläge, wie es anders funktionieren könnte. Berührungspunkte finden bzw. hinterfragen, weshalb es sie nicht gibt. Wie sehr unterscheiden sich die Lebenswelten und weshalb? Wo könnte es diese Berührungspunkte geben? Und vor allem: keine Scheu! Wir sind armutsbetroffen, aber nicht aus Glas!

Wichtig wäre es auch, die eigenen Privilegien zu er- und anzuerkennen. Sie nicht als etwas Selbstverständliches abzutun, sondern sich dessen bewusst zu werden, wie viel Glück sie bedeuten. Jede*r darf natürlich stolz auf das sein, was man erreicht, sich erarbeitet hat. Aber man sollte sich dabei immer die Frage stellen: Wäre das unter anderen Voraussetzungen auch möglich gewesen?

„Meine Großeltern haben ein Haus gebaut, meine Eltern haben eins gebaut und wir bauen jetzt auch ein Haus. Wenn ihr Armutsbetroffenen euch bemüht, schafft ihr das auch. Man muss nur wollen!"

Dieser Tweet sagt viel über unser Selbstverständnis zum Thema Privilegien aus: Wir sehen sie einfach nicht mehr. Wer seit Generationen im Eigenheim aufwächst, hat gänzlich andere Voraussetzungen als Menschen, die in Armut aufgewachsen sind oder aus verschiedensten Gründen ihren Grundstock verloren haben bzw. nie aufbauen konnten. So weit, so verständlich. Sollte man meinen. Doch die Welle an Hasskommentaren, die nach einem Kommentar von mir dazu auf mich hereinbrach, war unglaublich. Durchwegs gebildete Menschen, die mitten im Leben standen, fühlten sich aufgrund des Wortes „Privilegienblindheit" dermaßen attackiert, dass sie sich zu Äußerungen wie man solle mich in ein Arbeitslager stecken provoziert fühlten. Dabei geht es doch nicht darum, diese Privilegien wegzunehmen, sondern schlicht und einfach darum zu erkennen, dass sich mit gewissen Ressourcen im Hintergrund andere Chancen bieten.

## Arbeitslose und Sanktionen

Wer nicht als „arbeitswillig“ gilt, dem kann das Arbeitslosengeld gestrichen werden, entweder tageweise, bis zu acht Wochen oder gänzlich. Dass jemand nicht „arbeitswillig“ ist, wird unter anderem daran festgemacht, dass Kontrolltermine verpasst werden, jemand bei AMS-Schulungen fehlt oder sein Dienstverhältnis kündigt. Sanktionsmaßnahmen kann es auch geben, wenn jemand bei Bewerbungen zu „unmotiviert“ erscheint oder beim Vorstellungsgespräch zu kritische Fragen stellt. Eine „Arbeitsunwilligkeit“ liegt auch vor, wenn Jobangebote – weil das Gehalt zu niedrig ist oder der Job sich in einem anderen Bundesland befindet – abgelehnt werden.[20]

In Deutschland konnte das Arbeitslosengeld bis 2019 nach drei „Pflichtverletzungen“ im Jahr für drei Monate komplett gestrichen werden.

Auch wenn die Sanktionszahlen insgesamt niedrig sind, sind sie in Österreich in den vergangenen Jahren stark angestiegen. Seit dem Jahr 2014 haben sie sich im Jahr 2021 verfünffacht. Auch im Verhältnis zu den Arbeitslosenzahlen sind Sanktionen stark gestiegen. Das zeigt aber nicht die gewünschte Wirkung: Die Dauer der Arbeitslosigkeit sowie die Anzahl der Langzeitarbeitslosen steigt trotz zunehmender Sanktionen stetig.

Dabei waren viele davon nicht rechtens: Über ein Drittel der Einsprüche gegen Sperren aufgrund von

„Arbeitsunwilligkeit“ wurden 2020 in Oberösterreich zugunsten Arbeitssuchender entschieden. Dabei muss man bedenken, dass nur wenige Betroffene überhaupt den Rechtsweg beschreiten, weil sie sich ihrer Rechte oft gar nicht bewusst sind.[21]

Das deutsche Bundesverfassungsgericht hat im Jahr 2019 festgestellt, dass Sanktionen zur Durchsetzung von Mitwirkungspflichten bei Bezug von Arbeitslosengeld teilweise verfassungswidrig und nicht mit der Menschenwürde vereinbar waren.[22] Nun kann das Arbeitslosengeld um maximal 30 Prozent gekürzt werden.

Wenn Menschen vom Staat keine Hilfe mehr bekommen, springt die Zivilgesellschaft ein. Menschen, die sich engagieren. Oft rund um die Uhr. Die inzwischen selbst am Limit sind. Weil es zu viele werden. Weil es nicht mehr stemmbar ist. Doch der Staat sieht: Es funktioniert. Es gibt Leute, die aushelfen. Also müssen wir nicht mehr tun. Es ist das ewige Dilemma. Solange wir helfen, genauso lange sieht der Staat keine Dringlichkeit. Aber einfach nichts tun und die Menschen alleine lassen? Kannst du nicht. Bringt niemand übers Herz.

Am schlimmsten stoßen mir Almosenaktionen auf. Die Sendung „Licht ins Dunkel“, jährlich zu Weihnachten Fixpunkt im öffentlich-rechtlichen Rundfunk, wird schon lange von Menschen mit Behinderungen kritisiert, zuletzt in einer aufsehenerregenden Doku des Mediums *Andererseits,* wo Menschen mit und ohne Behinderungen gleichberechtigt Journalismus machen.[23] Jedes Jahr werden auf der „Licht ins Dunkel"-Gala tränenreich tragische Schicksale von Menschen mit Behinderungen inszeniert, und Politiker*innen stellen sich hin und werben für Spenden – Politiker*innen, die es eigentlich in der Hand hätten, die Situation von benachteiligten Menschen strukturell zu verbessern bzw. endlich bestehende Gesetze umzusetzen. Immer wieder lassen sich in der Spendengala auch Politiker*innen für ihr soziales Engagement feiern, die kurz davor dazu beigetragen haben, dass Sozialleistungen gekürzt werden.

Man könnte auch kritisieren, wer in solchen Sendungen als hilfsbedürftig dargestellt wird und wer nicht. Kinder aus intakten Familien sind oft zu sehen, suchtkranke Menschen beispielsweise eher selten. Dabei haben auch nicht telegene Menschen Grundrechte, und niemand sollte sich in solchen Sendungen zur Schau stellen lassen müssen, niemand sollte sich in die Öffentlichkeit stellen und um Hilfsmittel betteln müssen, die den Alltag und die Pflege erleichtern. In welcher Welt soll das in Ordnung sein? In meiner definitiv nicht!

## Immer gesucht: „Herzeigbare" Armutsbetroffene

Einerseits bin ich immer wieder froh, wenn sich Medien des Themas Armut annehmen. Andererseits hat mir das im letzten Jahr viele graue Haare eingebracht.

Warum? Weil Medien sehr gerne anfragen, damit ich für sie „passende“ Armutsbetroffene finde. Gemeint sind damit natürlich „herzeigbare“. Was nichts anderes bedeutet als: präsentabel, mit einer bedauernswerten Schicksalsgeschichte, die im besten Fall die Tränendrüsen erreicht, bitte immer bemüht und keinesfalls mit Fehlern ausgestattet. Ruhig, demütig, adrett, aber nicht zu fesch. Weil sonst würde doch niemand glauben, dass diese Person arm ist. In vielen der Anfragen sind genau diese Anforderungen enthalten, und es zeigt meiner Meinung nach am besten, welche Vorurteile in den Redaktionen über Armut vorherrschen. Das verwundert auch nicht, denn wer kann es sich leisten, Journalist*in zu werden? Vorwiegend Menschen, die aus privilegierten Familien kommen. Eine Ausbildung mit Praktika ist eben nicht für alle machbar, und so ergibt sich, dass in dieser Branche selten Menschen arbeiten, die Armutserfahrung besitzen.

Medien sollten endlich beginnen, Armut so darzustellen, wie sie ist: strukturell und dennoch divers. Es gibt nicht den oder die Betroffene, der oder die für alle sprechen kann. Es gibt keine „perfekten“ Armutsbetroffenen. Niemand ist frei von Fehlern. Doch es gibt einen Unterschied: Wer privilegiert ist, kann Fehler verkraften. Für Armutsbetroffene bedeuten kleinste Fehler oder Unachtsamkeiten oft die nächste Katastrophe. Und in der Berichterstattung sieht es so aus, als ob die Person selbst schuld an ihrer Situation wäre, weil sie eben Fehler gemacht hat. Doch Fehler zu haben, Fehler zu machen ist menschlich. Wer anderen das Recht auf Fehler abspricht, spricht ihnen das Recht auf menschliche Würde ab.

Was wir bei Armutsbetroffenen nicht erwarten dürfen: „herzeigbare", unterwürfige, demütige Menschen. Armut macht etwas mit uns. Entweder lässt sie uns leise werden, verstummen, so wie es bei mir und zu vielen anderen der Fall war und ist; oder aber man geht in die Konfrontation oder erlangt die „Pfeif auf alles"-Einstellung. Auch Armutsbetroffene sind divers, und das müssen wir akzeptieren. Wer sich nur dann gegen Armut einsetzt, solange Menschen gewisse Kriterien erfüllen, hat Armut nicht verstanden.

Dürfen Betroffene genauso Ungustl sein, unzufriedene Menschen, Grantler, aber auch lebensfroh und trotz all der Armut lustig? Ja. Denn Armut erlaubt es nicht, den Menschen gewisse Verhaltensweisen zu verbieten. Doch das geschieht leider immer wieder.

Was ich mir wünsche? Dass nicht mehr die individuelle Ursache im Vordergrund steht. Natürlich ist sie ausschlaggebend, um zu verstehen, wie und warum Armut entsteht. Doch sie darf kein Grund sein, um zu unterscheiden, wer „bedauernswert" ist und wer nicht. Es sollte uns nicht beeinflussen, ob jemand durch physische Erkrankungen, einen Unfall oder Ähnliches in diese

Situation gekommen ist, oder durch eine Drogen- oder Spielsucht, eine Lernschwäche, die dazu geführt hat, dass kein Abschluss vorhanden ist, eine Selbstüberschätzung bei Krediten oder andere Dinge, die wir allgemein unter „Na ja, hat sich selbst in dieses Situation gebracht" sehen, dazu geführt haben. Die einzige Frage, die wir uns stellen sollten, ist: „Was braucht es, damit es einen nachhaltigen Weg aus der Armut gibt?"

# Was zu selten diskutiert wird: Wie es gehen kann

Eine Folge meiner Armutserfahrung ist, dass mir persönlich Preissteigerungen heute nichts mehr anhaben können. Erstens verfüge ich über ausreichend Ressourcen, und zweitens muss ich nicht erst lernen, mich einzuschränken. Doch nein, ich sehe das nicht als Vorteil, sondern eher als etwas mühsam und hart Erlerntes. Ich musste lernen, mit einem Minimum zurechtzukommen, sonst hätten wir die letzten Jahre nicht überstanden. Mir macht auch ein Stromausfall keine Sorgen, denn wir hatten oft genug die Situation, eine Zeitlang ohne sein zu müssen, weil er abgedreht wurde. Oder nicht telefonieren zu können, kein Internet zu haben, weil die 10 Euro für die Wertkarte nicht drin waren. Das alles kann mir nichts mehr.

Was mir aber Angst macht, sind all die Menschen, die nach wie vor an oder unter der Armutsgrenze leben und von den Teuerungen massivst betroffen sind. Sie werden immer leiser. Weil sie täglich kämpfen. War das Geld früher ab dem 20. des Monats aus, so fehlt es nun bereits ab dem 10. am Notwendigsten.

Angst macht mir auch, dass nun immer mehr aus der sogenannten Mittelschicht in Armut geraten. Nicht offiziell. Denn in Europa wird Armut noch immer nur anhand des Einkommens festgelegt und nicht anhand dessen, was nach Abzug der monatlichen Fixkosten übrig bleibt. Und immer mehr Menschen bleibt immer weniger. Viele davon sind es nicht gewohnt, sich massiv einschränken zu müssen. Sie werden noch eine Zeitlang irgendwie über die Runden kommen, aber nach einigen Monaten merken, dass es sich nicht mehr ausgeht. Spätestens wenn größere Zahlungen fällig werden, Reparaturen anstehen … So wie es bei uns war. Wenn der Kredit nicht mehr bedient werden kann oder nicht mehr aufgestockt wird. Spätestens dann haben wir eine neue Generation an Armutsbetroffenen, die es offiziell gar nicht sind, und die dann aber nicht aus Solidarität mit bisher Betroffenen laut werden, sondern weil es bei ihnen doch ganz anders sei. Sie werden sich abheben, abgrenzen. Denn ihre Armut, so werden sie es sehen, ist eine andere. Niemand möchte in der Schublade Armut stecken. Das haben wir dann all den jahrelang präsentierten Stigmatisierungen zu verdanken, und das macht mir Angst. Wir sollten darauf achten, dass zwischen Armutsbetroffenen nicht differenziert wird, sollten gemeinsam für ein menschenwürdiges Leben für alle kämpfen. Nicht wir gegen die. Nicht unschuldig gegen selbst verschuldet. Denn leider wird es genau darauf hinauslaufen, weil nach wie vor nur wenige sehen wollen, dass Armut strukturell bedingt ist und nicht an der individuellen Schuld Einzelner hängt. Jetzt wäre es dringend notwendig aufzuklären, um gemeinsam für einen nachhaltigen Weg aus der Armut aufzustehen.

Was bleibt an körperlichen und psychischen Folgen von der Armut, selbst wenn man nicht mehr davon betroffen ist? Mir hat Armut aufgrund der Dauerbelastung ein Burnout eingebracht sowie massive Herzrhythmusstörungen. Sie hat mir mein Selbstbewusstsein genommen, das ich nun mühsam, Schritt für Schritt, wieder aufbauen muss. Auch wenn ich inzwischen Vorträge halte, ist es noch immer nicht wieder vollständig da, im Gegenteil. Jedes öffentliche Sprechen, jede Diskussion kostet mich immense Überwindung, weil dieses Gefühl „Du kannst nicht mitreden, was hast du schon zu sagen, du hast ja nix geleistet“ so tief in mir drin sitzt und nur schwer wegzubekommen ist.

Die Armut hat mir außerdem die Würde genommen. All die Beleidigungen, Abwertungen, Anschuldigungen, Vorwürfe, Vorurteile, all die mühsamen, sich immer wiederholenden Rechtfertigungen, so, als würde man mir sonst nicht glauben (so wie es übrigens dem Großteil der Betroffenen ergeht), machen etwas mit einem.

## Immer wieder über Grenzen gehen

Inzwischen verdiene ich Geld damit, dass ich über Armut spreche – und auch das wird mir von manchen Seiten zum Vorwurf gemacht. Längst habe ich den Stempel, immer nur über Armut zu jammern, doch das ist mir herzlich egal. Warum? Weil viele noch immer nicht verstanden haben, dass es eben kein Jammern ist, die Realität von Armut, den Alltag mit Beschämung zu beschreiben. Was viele als Jammern verstehen, ist unser tägliches Erleben. Ich denke immer wieder an die Kommentare, die mir sagen, ich solle weniger „sudern" und stattdessen die Zeit sinnvoll investieren und etwas leisten. Ich soll mir doch endlich einen Job suchen. Lustigerweise werden mir dann immer solche im prekären Niedriglohnsektor vorgeschlagen. Weshalb eigentlich? Weil Armutsbetroffene bildungsfern sind und sowieso zu nichts anderem „fähig"? Hier zeigt sich wieder ein beliebtes Vorurteil: Wer arm ist, ist entweder faul oder unfähig.

Der Weg an die Öffentlichkeit hat mir ganz persönlich viele Vorteile eingebracht. Genau das gibt mir aber jeden Tag zu denken. Menschen, die sich eben aufgrund der Vorurteile, der Beschämungen, weil sie wissen, welche Auswirkungen es auf sie und auf ihre Kinder haben kann, nicht outen, werden nie in den Genuss dieser Vorteile kommen. In einer gerechten Welt muss man sich dem nicht aussetzen, um der Armut zu entkommen. In einer gerechten Welt braucht es keine Kontakte oder Vitamin B, um Jobs zu finden, die einen über die Armutsgrenze bringen.

Natürlich fühle ich mich geschmeichelt, wenn ich zu hören bekomme, wie groß meine „Leistung“ war, der Armut entkommen zu sein. Ich würde lügen, würde ich es abstreiten. Doch: Mir ist bewusst, dass meine „Leistung“ nur möglich war, weil zahlreiche Faktoren das begünstigt und ermöglicht haben. Das Glück, dass die Gesundheit der Tochter es zulässt, wieder mehr zu arbeiten und sie auch mal einige Stunden alleine zu Hause lassen zu können, das Glück, dass sie wieder die Schule besuchen kann. Das Glück, durch Zufall jene Menschen getroffen zu haben, die mir eine Chance gegeben haben. Das ist alles keine Selbstverständlichkeit. Harte Arbeit? Ja. Tagtäglich. Es ist ein ständiges An-meine-Grenzen-Gehen. Doch das war es vorher auch.

Heute muss ich regelmäßig meine Komfortzone verlassen, mich überwinden, vor Menschen zu sprechen, die mich vor sechs Jahren nicht einmal wahrgenommen hätten. Ich muss reflektieren, muss mich mit Kritik auseinandersetzen, abwägen, differenzieren. Muss mich für gewisse Aussagen rechtfertigen. Oft verständlicherweise, meist einfach, weil jemand den Diskurs zerstören möchte. Musste lernen, mich durch Studien zu lesen, ohne je eine Uni besucht oder wissenschaftliches Arbeiten gelernt zu haben. Einfach weil es notwendig ist, um über Armut, Stigmatisierung und die Notwendigkeit von nachhaltiger Armutsbekämpfung sprechen zu können.

Jeder Tag ist ein Lernprozess, und ich arbeite sieben Tage die Woche. Erstens weil es zu viel zu tun gibt, und zweitens, weil die letzten Jahre in mir etwas bewirkt haben: Ich darf nicht faul sein! Das hat sich eingebrannt. Auch wenn ich weiß, dass es ein Narrativ ist, ein Spin, mit dem man uns unten halten will: Er hat bei mir funktioniert. Leider. Auch das möchte ich mit diesem Buch versuchen: in Zukunft vermeiden, dass Armutsbetroffene täglich weit über ihr Limit gehen, nur weil sie nicht „faul" sein dürfen, weil es ihnen nicht zugestanden und sofort gegen sie verwendet wird. Wir dürfen auch mal nichts tun und uns erholen.

## Veränderung, die sein muss

Auch wenn ich heute täglich an meine Grenzen gehe, so ist es nicht vergleichbar mit der Situation während der Armut. Heute habe ich Erfolgserlebnisse, erlebe Bestätigung und erfahre positives Feedback. Ich werde sozusagen belohnt! Auch all die Jahre zuvor habe ich täglich meine Belastbarkeitsgrenze überschritten, musste Hürden nehmen, Umwege gehen, Alternativen suchen,

Essen herzaubern, wo kein Geld mehr dafür vorhanden war, musste Ängste wegstecken, lernen, mit Vorurteilen umzugehen, überlegen, welche Situationen vermeidbar sind und welche nicht, musste täglich versuchen, den Kindern trotz allem ein schönes Leben zu bieten, sie auffangen, zu einer Zeit, in der ich selbst im freien Fall war. All das sind Grenzüberschreitungen. Doch es gab niemals eine Belohnung. Und hier liegt der große Unterschied. Woraus Kraft schöpfen für die nächsten Herausforderungen, wenn du keine Kraftquelle mehr hast? Einzig und allein die Kinder waren der Grund, nicht aufzugeben. Aber ich verstehe alle, wirklich alle, die resignieren.

Sosehr ich den Unterschied zu früher zu schätzen weiß – so sehr schmerzt es innerlich. Ich habe heute nicht mehr zu sagen als vor fünf Jahren, und nicht annähernd so viel wie ein Großteil jener, die in den sozialen Medien unter dem Hashtag #IchBinArmutsbetroffen über ihre Geschichte, ihren Alltag schreiben.

Dieser Hashtag entstand im Frühjahr 2022 durch einen Tweet von Anni, die unter @Finkulasa schreibt. Der Tweet begann mit „Hi, ich bin Anni, 39 und habe die Schnauze voll! Ich lebe von HartzIV und es reicht ganz einfach nicht!“ Ich durfte Anni bereits vorher kennenlernen, eine unglaublich starke Frau, die täglich alles gibt, damit es ihren Kindern gut geht. Die aber trotzdem durch die Beschämung still geworden ist, kein

Vertrauen mehr in sich selbst hatte und niemals in der Öffentlichkeit gesprochen hätte. Selbst Videocalls waren zu Beginn unseres Kennenlernens schwierig für sie. Ihr Tweet ging durch die Decke, und der Hashtag #IchBinArmutsbetroffen wurde deutschlandweit bekannt. Mehr und mehr Betroffene beteiligten sich. Gemeinsam mit Konstantin und Natalie von @sorgeweniger begann die Planung für die ersten physischen Kundgebungen in verschiedenen Städten. Aus der Ferne zu beobachten, was da entstand, war für mich unbeschreiblich. Natürlich gab und gibt es Diskussionen, denn hier treffen die unterschiedlichsten Menschen aufeinander, doch es geht nicht um einzelne Befindlichkeiten, sondern um das große Ganze.

Genau diesen Zusammenhalt vermisse ich in Österreich. Ich habe den Eindruck, dass hier jede*r lieber sein eigenes Süppchen kocht und man sich in Nebenschauplätzen verliert, anstatt gemeinsam für soziale Gerechtigkeit aufzustehen. In Österreich dominiert eher die Mentalität „Na ja, das war immer so" und „Kann man halt nix machen". Österreich ist auch ein Land, in dem sogar progressive Kräfte zum Teil ihre konservative Seite nicht verstecken können oder wollen. Man nimmt an Projekten nicht teil, denn „wenn die/der dabei ist, mach ich nicht mit", man geht nicht auf die Straße (bringt doch sowieso nix, ändert sich nie was) und man solidarisiert sich nicht mit Armutsbetroffenen, denn na ja, irgendwas werden sie schon falsch gemacht haben, ich komm immerhin auch über die Runden. Bis auf eine überschaubare Blase steht in Österreich niemand für Armutsbetroffene auf.

Politisch hat sich in Deutschland noch kaum etwas verändert. Hartz IV wurde in Bürgergeld umbenannt, was zwar nett klingt, aber kaum praktische Verbesserungen bringt. Eine Sache aber ist seit dem Frühjahr 2022 wesentlich anders: Armut wird wahrgenommen! Und zwar nicht nur das Bild mit den bekannten Vorurteilen und Stereotypen, sondern als Problem mit strukturellen Ursachen. Es wird mehr in der Öffentlichkeit darüber geredet. Und auch wenn viele denken, das hilft doch niemandem: Doch, erhöhte Aufmerksamkeit steigert das Bewusstsein darüber, wie Armut entsteht und welche Auswirkungen sie hat. Wäre es mir lieber, es ginge schneller? Natürlich. Doch wie immer geht es nur Schritt für Schritt. Darüber reden, zuhören, sensibilisieren, ist einer der ersten und wichtigsten. In Deutschland ist man bei diesem Schritt angekommen, selbst in den Medien wird Armut immer mehr zum Thema, und viele bemühen sich um armutssensible Berichterstattung. Österreich ist meiner Wahrnehmung nach davon noch meilenweit entfernt.

Obwohl inzwischen viele Menschen unter #IchBinArmutsbetroffen über ihre Erfahrungen schreiben, hört man mir mehr zu. Aus einem einzigen Grund: Als ich damit begonnen habe, waren sehr wenige bereit, offen über ihre Armut und die damit einhergehende Beschämung zu sprechen. Dadurch hat sich „Frau Sonnenschein“ bei einigen Medien eingeprägt. Und nur dadurch habe ich heute die Möglichkeit, bei Vorträgen und Veranstaltungen zu sensibilisieren, Kolumnen zu schreiben oder eben die Ehre, dieses Buch schreiben zu dürfen. Natürlich bin ich unendlich dankbar dafür. Es war keine einfache Entscheidung, an die Öffentlichkeit zu gehen. Aber ich möchte, dass Betroffene, die diesen Vorteil nicht haben, genauso ernst genommen werden.

# Danke

An meine Familie, ohne die dieses Buch nie möglich wäre.

An all jene, die seit 2017 hinter mir stehen, mich begleiten und bestärken.

Vor allem aber ein Danke an Kathrin Quatember. Ohne dich gäbe es Frau Sonnenschein nicht. Ohne dich wäre dieses Buch nicht möglich. Niemand hat mich so bestärkt wie du, niemand war je auf diese Weise gemeinsam mit mir wütend über die Ungleichheit, niemand hat je so zugehört wie du. Nicht nur mir, sondern vor allem auch meiner Familie. Danke dir für alles!

Ein Dank darf nicht fehlen: an Stefanie Jaksch und das gesamte Team des Verlags Kremayr & Scheriau. Mir diese Chance zu geben, mir das Schreiben dieses Buchs zuzutrauen, sich diese Arbeit anzutun – das ist alles andere als selbstverständlich! Danke euch von Herzen!

# Anmerkungen

1 https://www.statistik.at/statistiken/bevoelkerung-und-soziales/einkommen-und-soziale-lage/armut

2 https://de.statista.com/statistik/daten/studie/72188/umfrage/entwicklung-der-armutsgefaehrdungsquote-in-deutschland/

3 https://referenzbudgets.beratungsdienst-guh.de/

4 https://www.schuldenberatung.at/downloads/infodatenbank/referenzbudgets/Referenzbudgets_Aktualisierung_2022_EndV.pdf

5 https://www.armutskonferenz.at/armut-in-oesterreich/aktuelle-armuts-und-verteilungszahlen.html

6 https://www.armuts-und-reichtumsbericht.de/DE/Startseite/start.html

7 https://neweconomics.org/2009/12/a-bit-rich

8 https://www.momentum-institut.at/news/ueber-eine-milliarde-euro-schaden-durch-lohnbetrug-im-jahr-2021

9 https://www.derstandard.at/story/2000139763863/arbeiterkammer-will-massnahmen-zum-schliessen-der-steuerluecke

10 https://www.sozialleistungen.at/c/SL8096525/Ansprueche

11 https://www.statistik.at/statistiken/bevoelkerung-und-soziales/einkommen-und-soziale-lage/armut und https://www.vienna.at/wann-fast-50-prozent-in-oesterreich-armutsgefaehrdet-waeren/7398637

12 https://www.sozialberatungwien.at/berechnung/

13 https://www.land-oberoesterreich.gv.at/23004.htm

14 https://www.derstandard.at/story/2000110155908/die-chancen-auf-sozialen-aufstieg-sind-in-oesterreich-gesunken

15 https://www.statistik.at/fileadmin/publications/BIZ_2020-21_Tabellenband.pdf

16 https://www.oecd.org/berlin/publikationen/SocMob%20country%20note_DEU_de.pdf

17 https://www.armuts-und-reichtumsbericht.de/DE/Bericht/Der-sechste-Bericht/Der-Bericht/der-bericht.html

18 Ebd.

19 https://www.statistik.at/fileadmin/publications/BIZ_2020-21_Tabellenband.pdf

20 https://awblog.at/ams-sanktionen/

21 Ebd.

22 https://www.bundesverfassungsgericht.de/SharedDocs/Pressemitteilungen/DE/2019/bvg19-074.html

23 https://andererseits.org/das-spendenproblem/

Foto © Christopher Glanzl

## Daniela Brodesser

Daniela Brodesser, geboren 1975 in Linz, Bürokauffrau, Aktivistin, Kolumnistin, Mutter von vier Kindern, verheiratet. Bis zur Geburt des jüngsten Kindes typische Durchschnittsfamilie. Danach durch zwei schwere Erkrankungen in der Familie in Armut geraten. Seit 2017 der Versuch, öffentlich auf die Folgen wie fehlende Teilhabe, Beschämung und Rückzug aufmerksam zu machen. Seit 2019 wieder über der Armutsgefährdungsschwelle. Aus reinem Glück, weil es die Gesundheit wieder zulässt.

über morgen
Freiheit
Elodie Arpa

**Elodie Arpa**

# Freiheit

## Was sich nach Freiheit anfühlt, muss Freiheit sein, nicht wahr?

Mitnichten. Elodie Arpa zeigt uns in ihrem klugen Text, wo das Pochen auf Freiheit für andere gefährlich wird, was unser heutiges Freiheitsverständnis beeinflusst und warum Freiheit schrecklich verführerisch ist. Und nicht zuletzt führt sie uns damit vor Augen, wo unsere blinden Flecken in Bezug auf Freiheit liegen.

K&S übermorgen • ISBN 978-3-218-01380-2

Gedruckt mit freundlicher Unterstützung
des Landes Oberösterreich, der Stadt Linz und
der Kulturabteilung der Stadt Wien

mit Unterstützung von
Kultur ober österreich

Linz verändert

Stadt Wien

www.kremayr-scheriau.at

ISBN 978-3-218-01399-4

Linolschnitt, Schutzumschlaggestaltung,
typografische Gestaltung und Satz: Sheila Ehm
Reihen-Konzept: Stefanie Jaksch
Lektorat: Lucia Marjanović
Druck und Bindung: Florjančič tisk d.o.o, Maribor